信仰の基本

# 信行学

Shin Gyou Gaku

池田大作

池田大作先生と香峯子夫人

池田先生が教学試験の受験者を激励（創価女子短期大学）

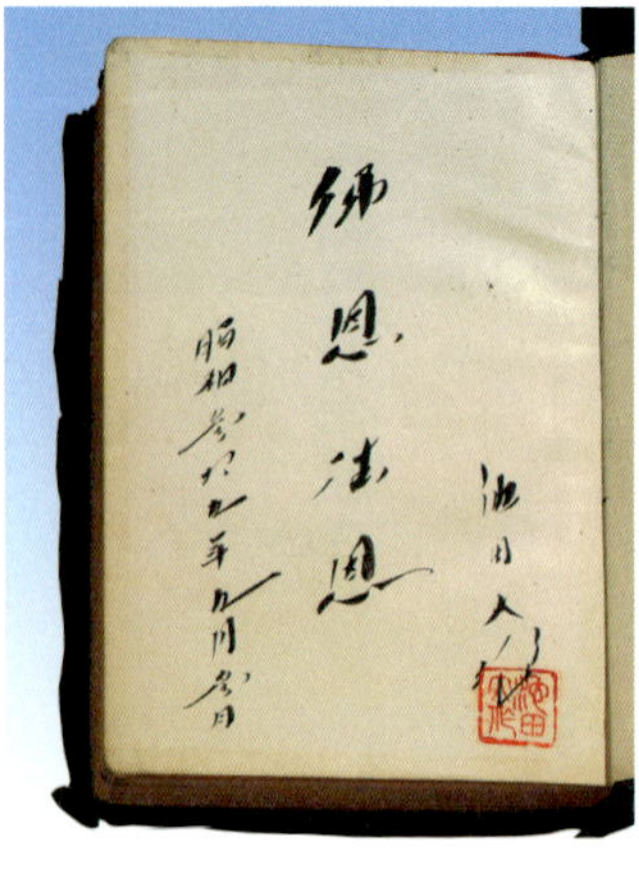


池田先生が使われた御書。
「佛恩法恩」とともに第三代
会長就任の日付けが

# 目次



装幀　中山聖雨

一、本書は、「大白蓮華」に掲載された「世界を照らす太陽の仏法」（二〇一六年六月号〜七月号、九月号〜十一月号）を、著者の了解を得て「信仰の基本『信行学』」として収録した。

一、御書の引用は、『日蓮大聖人御書全集』（創価学会版、第二七八刷）に基づき、ページ数は（全〇〇ページ）と示した。『日蓮大聖人御書全集　新版』（創価学会版、第二刷）のページ数は（新〇〇ページ）と示した。

一、法華経の引用は、『妙法蓮華経並開結』（創価学会版、第二刷）を（法華経〇〇ページ）と示した。

一、引用文のなかで、旧字体を新字体に、旧仮名遣いを現代仮名遣いに改めたものもある。また、句読点を補ったものもある。

一、肩書、名称、時節等については、掲載時のままにした。

一、説明が必要と思われる語句には、（注〇）を付け、編末に「注解」を設けた。

——編集部

# 信仰の基本「信《しん》行《ぎょう》学《がく》」

# 無量無辺《むりょうむへん》の福徳《ふくとく》開く 学会の「信心」

戦後《せんご》の混乱《こんらん》が続く一九五一年（昭和二十六年）の四月二十日、「聖教新聞」の記念《きねん》すべき第一号が発刊《はっかん》されました。

恩師《おんし》・戸田城聖《とだじょうせい》先生が「日本中、世界中の人に読ませたい」と願《ねが》われた新聞です。私も全《まった》く同じ心です。

言論《げんろん》こそ、広宣流布を開拓《かいたく》する大道《だいどう》です。

何よりも、戸田先生ご自身が、創刊号《そうかんごう》から、小説《しょうせつ》『人間革命』や、コラム「寸鉄《すんてつ》」など、ほとばしる滝《たき》の如《ごと》き勢《いきお》いで、ペンを執《と》ってくださったことは、今も忘れられません。

一面《めん》トップを飾《かざ》った論説《ろんせつ》も、先生自《みずか》ら執筆《しっぴつ》してくださったものです。

タイトルは「信念《しんねん》とは何《なん》ぞや？」です。

先生は、「いまや広宣流布の秋《とき》である。勇《いさ》まなくてはならない」と宣言され、そのためにも自分自身の行動に絶対の「確信」が必要であると述《の》べられています。

社会は混迷《こんめい》を極《きわ》め、学会員の人数はいまだ少なかった。創価学会の社会的基《き》盤《ばん》があったわけでもありません。しかし、戸田先生には、絶対の確信がありました。それゆえにこそ、学会は大発展していったのです。

## 「信《しん》・行《ぎょう》・学《がく》」は学会の根幹の実践

先生は続けて、力強《ちからづよ》く訴《うった》えられました。

「信・行・学は、われわれ信者《しんじゃ》に欠《か》くべからざる条件であって、折伏《しゃくぶく》は広宣流布を誓《ちか》った信者《しんじゃ》の必須《ひっす》条件である。われわれがひとたび御本尊をたもつや、過去遠々劫《かこおんのんごう》の当初《そのかみ》に仏勅《ぶっちょく》をこうむったことを思い出さねばならない」

まさしく、「信・行・学」こそ、久遠元初《くおんがんじょ》から地涌《じゆ》の菩薩《ぼさつ》（注1）である学会員の前進と勝利の原動力であり、仏勅《ぶっちょく》を奉《ほう》じて行動するための私たちの永遠の規範《きはん》です。

「諸法実相抄《しょほうじっそうしょう》」には、「行学《ぎょうがく》の二道《にどう》をはげみ候《そうろう》べし、行学たへ《絶》なば仏法はあるべからず、我《われ》もいたし人をも教化《きょうけ》候《そうら》へ、行学は信心よりをこるべく候」（全一三六一㌻・新一七九三㌻）と仰《おお》せです。

「信・行・学」を実践し、日蓮大聖人に直結した正しい信仰を貫《つらぬ》いてきたのが、創価学会の草創《そうそう》以来の伝統《でんとう》です。

「信・行・学」に基《もと》づいた、わが学会の慈折《じしゃく》広宣流布にのみ、日蓮仏法は生き生きと脈動《みゃくどう》しているのです。

学会が世界宗教として一段《いちだん》と大きく飛躍《ひやく》する、この時だからこそ、信仰の基本である「信・行・学」について、今一度、全国、全世界の同志と共《とも》に、御書を拝《はい》して確認したい。まず、「信」について学んでいきます。

# 日女御前御返事《にちにょごぜんごへんじ》

（全一二四四ジペー・新二〇八八ジペー）

御文

此《こ》の御本尊《ごほんぞん》も只《ただ》信心の二字にをさまれり以信得入《いしんとくにゅう》とは是《これ》なり。

日蓮が弟子《でし》檀那等《だんなとう》・正直捨方便《しょうじきしゃほうべん》・不受余経一偈《ふじゅよきょういちげ》と無二《むに》に信《しん》ずる故《ゆえ》によって・此の御本尊の宝塔《ほうとう》の中へ入《い》るべきなり・たのもし・たのもし、如何《いか》にも後生《ごしょう》をたしなみ給《たも》ふべし・たしなみ給ふべし、穴賢《あなかしこ》・南無妙法蓮華経とばかり唱《とな》へて仏になるべき事尤《こともっと》も大切《たいせつ》なり、信心の厚薄《こうはく》によるべきなり仏法の根《こん》本《ぽん》は信を以《もっ》て源《みなもと》とす

## 現代語訳

この御本尊も、ただ信心の二字に納《おさ》まっている。「信によってこそ入ることができる（以信得入《いしんとくにゅう》）」とはこのことである。

日蓮の弟子檀那《でしだんな》たちは、「きっぱりと仮《かり》の教えを捨《す》てて（正直捨方便《しょうじきしゃほうべん》）」（方便品第二《ほうべんぼん》）、「法華経以外の経文の一偈《いちげ》をも受けてはならない（不受余経一偈《ふじゅよきょういちげ》）」（譬喩品第三《ひゆほん》）との経文の通りに、無二《むに》に信ずることによって、この御本尊の宝塔《ほうとう》の中へ入ることができるのである。実にたのもしいことである。是非《ぜひ》とも、後生《ごしょう》のことを心掛《こころが》けていきなさい。

ひたすら南無妙法蓮華経とだけ唱えて仏に成《な》ることが最《もっと》も大切である。それも信心の厚薄《こうはく》によるのである。仏法の根本は、信こそを源《みなもと》とするのである。

## 「学会には信心がある！」

それは、一九五七年（昭和三十二年）十一月のことです。大願《だいがん》であった七十五万世帯成就《せたいじょうじゅ》が目前《もくぜん》となった本部総会《ほんぶそうかい》で、戸田先生は叫《さけ》ばれました。

「学会には信心がある！」

多くの取材陣《しゅざいじん》もいる場です。当時、学会の大発展の理由を皮相的《ひそうてき》に臆測《おくそく》する論評《ろんぴょう》が多い中、〝私たちは、信心で勝ったのだ〟と断じられたのです。先生の師子吼《ししく》は今も、耳朶《じだ》に響《ひび》いて離《はな》れません。

続けて先生は烈々《れつれつ》たる気迫《きはく》で語られました。

「ただ信心が中心！　信心をやるんです。それさえ腹《はら》に入れたら、誰が何《なん》と書こうと、何を言おうと、驚《おどろ》くことなどは絶対にないだろう！」

信心とは、いかなる逆境《ぎゃっきょう》をも乗り越えていく師子王《ししおう》の如《ごと》くなる心です。強盛《ごうじょう》な信心の人に、恐《おそ》れるものなど何もない。信心さえあれば、不撓不屈《ふとうふくつ》の信念《しんねん》がこみ上げてきます。信心の強さは、豊《ゆた》かな人生を約束します。正しい信心を貫《つらぬ》き通した時に、人生の幸福勝利が開けないわけがないのです。

先生は、学会員として、世間の毀誉褒貶《きよほうへん》などに右往左往《うおうさおう》することなく、どこまでも信心根本に進んでいく覚悟を、と訴《うった》えられました。

「信心」こそ根本であり、「信」こそ源《みなもと》である。これが日蓮仏法の真髄《しんずい》です。

## 御本尊は「信心の二字」に納《おさ》まる

この「信心の二字」の意義と、その功徳《くどく》について教えてくださっているのが、「日女御前御返事《にちにょごぜんごへんじ》」（注2）です。このお手紙は、女性門下《じょせいもんか》の日女御前が御本尊への供養《くよう》の品々《しなじな》をお届《とど》けしたことに対する御返事《ごへんじ》です。

本抄《ほんしょう》では、大聖人が「法華弘通《ほっけぐつう》のはたじるし《旌》」（全一二四三ページ・新二〇八六ページ）として御本尊をあらわされたことを明かされます。それは全民衆を救済《きゅうさい》するための「未曾有《みぞう》の大曼荼羅《だいまんだら》」（全一二四四ページ・新二〇八七ページ）であり、無量《むりょう》の功徳《くどく》の集まりである「功徳聚《くどくじゅ》」（全一二四四ページ・新二〇八八ページ）でもあると仰《おお》せです。その偉大なる御本尊は、「只《ただ》信心の二字にをさまれり」と述《の》べられているのです。

「信心の二字」こそ、成仏《じょうぶつ》への根本軌道《きどう》です。「以信得入《いしんとくにゅう》」（注3）と説《と》かれるように、智慧《ちえ》第一と称《しょう》せられる釈尊《しゃくそん》の十大弟子《じゅうだいでし》・舎利弗《しゃりほつ》でさえ、「智慧」ではなく「信」によって、初《はじ》めて仏の広大《こうだい》な世界へ入ることができました。

信心がなければ、たとえ、御本尊そのものが目の前に存在しても、その力用《りきゆう》を現《あらわ》すことはできません。

御本尊とは、「一心欲見仏《いっしんよくけんぶつ》　不自惜身命《ふじしゃくしんみょう》」（注4）の大闘争を貫《つらぬ》き、わが身に仏界《ぶっかい》を成就《じょうじゅ》された大聖人が、御自身《ごじしん》の仏の魂魄《こんぱく》を、そのまま御図顕《ごずけん》された曼荼《まんだ》羅《ら》です。〝御本尊は、南無妙法蓮華経と唱える我《われ》らの「胸中《きょうちゅう》の肉団《にくだん》」にあり〟と拝《はい》する「信心の二字」によって、無量《むりょう》の功力《くりき》を現《あらわ》すことができるのです。

私たちが、強盛《ごうじょう》な信力《しんりき》・行力《ぎょうりき》を奮《ふる》い起こし、御本尊を一心《いっしん》に拝《はい》して広宣流布の大願《だいがん》に生きてこそ、私たち自身の内《うち》なる妙法即仏界《そくぶっかい》を開き現《あらわ》し、仏力《ぶつりき》・法力《ほうりき》を発現《はつげん》させて、大功徳《だいくどく》を自在《じざい》に享受《きょうじゅ》し、用《もち》いることができるのです。

このことについて戸田先生は、「一の信力《しんりき》・一の行力《ぎょうりき》は、一の法力《ほうりき》・一の仏《ぶつ》力《りき》となって現《あらわ》れる。百の信力・行力は、百の法力・仏力となって現れる。万の信力・行力は万の法力・仏力となって現れる」と教えてくださったことがあります。

一切《いっさい》は、「信心の二字」で決まるのです。日厳尼《にちごんあま》に与えられたお手紙で、「叶《かな》ひ叶はぬは御信心《ごしんじん》により候《そうろう》べし全《まった》く日蓮がとがにあらず」（全一二六二ジペー・新二一三五ジペー）と仰《おお》せの通りです。（本書一三六ジペー参照）

信心強き人は、絶対に行き詰《づ》まりません。

「信心の二字」を貫《つらぬ》いた人は、もったいなくも、大聖人と等《ひと》しい仏の大境涯《だいきょうがい》を自身の身に開き、全《すべ》てを幸福へと転《てん》じていくことができるのです。

以信得入《いしんとくにゅう》の人が、「不幸」の二字に負《ま》けることなど絶対にありません。

## 幸福に直結する「無二《むに》の信心」

大聖人は続いて、法華経の経文を引いて、「無二《むに》に信ずる」という姿勢《しせい》について教えられています。「無二」とは唯一《ゆいいつ》無二、すなわち文字通り、二つとないことです。「一心《いっしん》」と読み替《か》えてもいいでしょう。

「正直捨方便《しょうじきしゃほうべん》」（注5）、「不受余経一偈《ふじゅよきょういちげ》」（注6）という、まっすぐな信仰です。そうすれば、「御本尊《ごほんぞん》の宝塔《ほうとう》の中へ入《い》るべきなり」と仰《おお》せの通りになります。南無妙法蓮華経の御本尊を持《たも》ち、一筋《ひとすじ》に広宣流布に進んでいけば、どこにいても、どんな環境《かんきょう》にあっても、「仏の世界」即《そく》「幸福の宮殿《きゅうでん》」に入ることができるのです。

戸田先生は、御本尊を拝《はい》する姿勢《しせい》について、「ただ無二《むに》の信心で拝すべきです」と語られました。

ただ、ひたすらに「無二《むに》の信心」を貫《つらぬ》こうとする生き方に、広大無辺《こうだいむへん》な功徳《くどく》が生《しょう》ずるのです。妙法を持《たも》ち信心に励むことで、誰人《たれびと》もが「人間革命」という絶対的な幸福境涯《きょうがい》の大道《だいどう》を堂々《どうどう》と歩《あゆ》んでいけるのです。

本抄《ほんしょう》の続く御文で、「南無妙法蓮華経とばかり唱《とな》へて仏になるべき事尤《こともっと》も大《たい》切《せつ》なり」と示されています。そして重《かさ》ねて「信心の厚薄《こうはく》による」と仰《おお》せです。

幸不幸《こうふこう》は信心の年数《ねんすう》だけで決まりません。まして役職《やくしょく》や立場などで決定されるものでも絶対にない。信心が厚《あつ》いか、薄《うす》いかです。

誰人《たれびと》であれ、いかなる環境《かんきょう》であれ、どこまでいっても「信」を源《みなもと》とするのが仏法の根本なのです。

# 妙《みょう》一《いち》尼《あま》御《ご》前《ぜん》御《ご》返《へん》事《じ》

**御文**

（全一二五五ページ・新一六九七ページ）

夫《それ》信心と申《もう》すは別《べち》にはこれなく候《そうろう》、妻《つま》のをとこ《夫》をおしむが如《ごと》くをとこの妻に命《いのち》をすつるが如く、親《おや》の子をすてざるが如く・子の母にはなれざるが如くに、法華経釈迦《しゃか》多宝《たほう》・十方《じっぽう》の諸仏《しょぶつ》菩薩《ぼさつ》・諸天善神等《しょてんぜんじんとう》に信《しん》を入《い》れ奉《たてまつ》りて南無妙法蓮華経と唱《とな》へたてまつるを信心とは申《もう》し候《そうろう》なり、しかのみならず正直捨《しょうじきしゃ》方便《ほうべん》・不受余経一偈《ふじゅよきょういちげ》の経文《きょうもん》を女《おんな》のかがみ《鏡》をすてざるが如く・男《おとこ》の刀《かたな》をさすが如く、すこしもすつる心なく案《あん》じ給《たも》うべく候《そうろう》

## 現代語訳

信心というのは特別なものではない。妻《つま》が夫《おっと》を大切にするように、夫が妻のために命《いのち》を捨《す》てるように、また親が子を捨てないように、子が母から離《はな》れないように、法華経・釈迦《しゃか》・多宝《たほう》・十方《じっぽう》の諸仏《しょぶつ》・菩薩《ぼさつ》・諸天善神等《しょてんぜんじんとう》を信じて、南無妙法蓮華経と唱え奉《たてまつ》ることを信心というのである。

それだけではなく、「きっぱりと仮《かり》の教えを捨《す》てて（正直捨方便《しょうじきしゃほうべん》）」（方便品《ほうべんぼん》第二）、「法華経以外の経文の一偈《いちげ》をも受けてはならない（不受《ふじゅ》余経《よきょう》一偈）」（譬喩品《ひゆほん》第三）の経文を、女性が鏡《かがみ》を捨てないように、また、男の人が刀《かたな》を常に差《さ》しているように、瞬時《しゅんじ》も捨てずに信心を考え、行動していくべきである。

## 「冬は必ず春となる」

大聖人は、「妙一尼御前御返事《みょういちあまごぜんごへんじ》」（注7）で、私たちが心掛《こころが》けるべき信心の肝要《かんよう》を教えてくださっています。

妙一尼《みょういちあま》は、夫婦で信心に励んでいましたが、竜《たつ》の口《くち》の法難《ほうなん》の後《のち》、法華経の信仰ゆえに所領《しょりょう》を没収《ぼっしゅう》されるなどの難《なん》に遭《あ》いました。しかも夫《おっと》は、大聖人の佐渡《さど》流罪《るざい》の赦免《しゃめん》の報《ほう》を聞く前に亡《な》くなってしまったのです。残された幼《おさな》い子どもたちのなかには病身《びょうしん》の子もおり、さらには妙一尼《みょういちあま》自身も病弱《びょうじゃく》でした。

しかし妙一尼《みょういちあま》は苦境《くきょう》に負《ま》けることなく、夫《おっと》の分まで信心の炎《ほのお》を燃やし続けました。経済的にも厳《きび》しい状況の中、佐渡《さど》へ、身延《みのぶ》へと、大聖人のもとに人を遣《つか》わしてお仕《つか》えさせ、師匠をお守りしたのです。

その健気《けなげ》な〝広布の母〟に、大聖人が贈《おく》られたのが、あの不滅《ふめつ》の「冬は必《かなら》ず春となる」（全一二五三ジー・新一六九六ジー）との希望のメッセージです。

この師匠からの大激励《だいげきれい》が、どれほど妙一尼《みょういちあま》の勇気を奮《ふる》い起こし、心の支《ささ》えとなったことでしょうか。

最も不幸な人が、最も幸福になる権利《けんり》がある。これが真実の力《ちから》ある仏法の姿《すがた》です。大聖人のお心であり、創価の人間主義の大哲学にほかなりません。

## ありのままの人間性の発露《はつろ》

このような苦闘《くとう》を続けてきた妙一尼《みょういちあま》に対して、別の機会に大聖人はお手紙を送られました。それが「夫《それ》信心と申《もう》すは別《べち》にはこれなく候《そうろう》」から始まる本抄《ほんしょう》です。

冒頭《ぼうとう》のこの一節で、信心とは何か特別なことではないと仰《おお》せです。

そのことを分かりやすく教えるために大聖人は、妻《つま》が夫《おっと》を愛し慈《いつく》しむ心、夫が妻を命懸《いのちが》けで大切にする心、親が子どもを守る心、子どもが母を慕《した》うことを譬《たと》えに引かれています。

夫婦の情愛《じょうあい》や親子《おやこ》の愛情とは、ありのままの生命の発露《はつろ》であり、人間性の本然《ほんねん》の表現です。その素直《すなお》な心のままで御本尊にまっすぐに向かい唱題していけばいいのだ。それが「信心」なのであると仰《おお》せです。

なかでも妙一尼《みょういちあま》は夫《おっと》を亡《な》くし、その夫の分まで信心に励み、子どもたちを立派《りっぱ》に育ててきた女性です。大聖人の慈愛《じあい》こもる一言一言《ひとことひとこと》が、どれほど胸中《きょうちゅう》に深く響《ひび》き渡《わた》ったことでしょうか。

信心は、どこまでいっても〝ありのまま〟の求道《きゅうどう》の姿勢《しせい》で良いのです。「苦《く》をば苦とさとり楽《らく》をば楽とひらき苦楽《くらく》ともに思い合せて南無妙法蓮華経とうちとなへゐさせ給《たま》へ」(全一一四三ジペー・新一五五四ジペー)です。

苦しければ苦しいままに、楽しければ楽しいままに、御本尊に向かって唱居いけばよいのです。

## どこまでも伸《の》び伸びと

大聖人は万人《ばんにん》の幸福のために御本尊を顕《あらわ》してくださいました。その御本尊に祈り、大聖人の生命に触《ふ》れていけば、幸福になれないわけがありません。仏の使いとして広宣流布のために戦う人を、御本仏《ごほんぶつ》が守ってくださらないわけがないのです。

信心の厚薄《こうはく》は、形では決まりません。

例えば、唱題は〝何遍《なんべん》しなければならない〟というような御文はありません。自分で目標を立てて祈ることは当然、大事ですが、だからといって形式的《けいしきてき》になって、疲《つか》れている時や眠《ねむ》い時に、無理《むり》をする必要もないでしょう。早く休んで、翌朝《よくあさ》、心身《しんしん》ともにすっきりとして行《おこな》うほうが価値的な場合もあります。

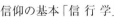

また、御書には、一遍《いっぺん》の題目にも計《はか》り知れない功徳《くどく》があることが説《と》かれています。

「白馬《はくば》がいななくのは、我《われ》らが唱える南無妙法蓮華経の声《こえ》である」（全一〇六五ページ・新一四四七ページ、通解）との御聖訓《ごせいくん》のままに、大草原《だいそうげん》を駆《か》け抜《ぬ》ける白馬のような軽快《けいかい》で清々《すがすが》しい題目で、満々《まんまん》たる生命力を湧《わ》き立たせていこうではありませんか。全部、幸福を築《きず》くための信心なのです。

## 御義口伝《おんぎくでん》

### 御文

（全七五一ジペー・新一〇四七ジペー）

此《こ》の本法《ほんぽう》を受持《じゅじ》するは信《しん》の一字なり、元品《がんぽん》の無明《むみょう》を対治《たいじ》する利剣《りけん》は信の一字なり無疑曰信《むぎわっしん》の釈之《しゃくこれ》を思ふ可《べ》し

### 現代語訳

この本法《ほんぽう》（南無妙法蓮華経）を受持《じゅじ》するのは信の一字による。元品《がんぽん》の無明《むみょう》（根本の迷《まよ》い）を対治《たいじ》する利剣《りけん》は信の一字である。『法華文句《ほっけもんぐ》』の「疑《うたが》い無《な》きを信と曰《い》う」という釈《しゃく》をよく考えるべきである。

## 無明《むみょう》を対治《たいじ》する「無疑曰信《むぎわっしん》」

私たちの「信」の姿勢《しせい》で、もう一つ大事な点があります。それが「無疑曰《むぎわっ》信《しん》」です。

「御義口伝《おんぎくでん》」（注8）では、元品《がんぽん》の無明《むみょう》（注9）という根本の迷《まよ》いを断ち切る利剣《りけん》もまた、「信の一字」であると仰《おお》せです。その際《さい》に、「信」とは何かという点について、天台大師《てんだいだいし》の「法華文句《ほっけもんぐ》」にある「無疑曰信《むぎわっしん》」という言葉を引かれています。

「無疑曰信《むぎわっしん》」とは「疑《うたが》い無《な》きを信と曰《い》う」と読み、何があろうが紛動《ふんどう》されることなく、どこまでも御本尊を信じて疑わない信心のことです。

一方で、「有解無信《うげむしん》」、つまり教えを理解していたとしても、心では信じていないこともあります。「有解無信とて法門《ほうもん》をば解《さと》りて信心なき者《もの》は更《さら》に成仏《じょうぶつ》すべからず」（全一四四三ジペー・新二〇六八ジペー）と喝破《かっぱ》されている通り、どんなに難解《なんかい》な法理を頭で理解していたとしても、それだけでは、一生成仏《いっしょうじょうぶつ》はかなわないのです。そこで、この「無疑《むぎ》」とはどういうことか。

「無疑《むぎ》」とは文字通り、「疑《うたが》いが無《な》い」という意味です。言い換《か》えれば、「心から納得《なっとく》できる」とも言えるでしょう。それは、「疑わない」、すなわち「不《ふ》疑《ぎ》」とは異《こと》なります。

もし宗教が疑《うたが》いを持つこと自体を否定するならば、人間本来の伸《の》びやかな精神は失《うしな》われてしまう。そうした、精神の営《いとな》みを否定する宗教では社会から遊離《ゆうり》し、独善《どくぜん》や狂信《きょうしん》に陥《おちい》ってしまう危険性《きけんせい》があります。

## 揺《ゆ》るがぬ自己《じこ》を築《きず》く「信」

私は十九歳の時に信仰の道を志《こころざ》しました。

初《はじ》めて会ったばかりの一青年である私の率直《そっちょく》な質問に対して、戸田先生は一つ一つ明快に答えてくださいました。先生が獄中《ごくちゅう》闘争を勝ち越えられたことは後で知りましたが、一言一言《ひとことひとこと》に、金剛《こんごう》の如《ごと》く確固《かっこ》たる哲学と人間性が脈打《みゃくう》っていました。

この人の言うことなら信じられる――そう直感《ちょっかん》して、私は入信しました。まずは師匠を信ずることによって妙法、御本尊への信が深まっていったのです。

当然のことながら、若く、入信浅い私に、疑問《ぎもん》はたくさんありました。しかし、戸田先生と出会って以来、人生と哲学の根本課題について、仏法ではどう答えるのか、思索《しさく》を深める日々が続きました。

先生は常々《つねづね》「信は理《り》を求め、求めたる理は信を深からしむ」と語られていました。この「理」とは論理性《ろんりせい》とも言い換《か》えられるでしょう。私の体験からいっても、疑問《ぎもん》を明確にし、実践の中で徹底して考え抜いて、心の底《そこ》から納得《なっとく》することが、信仰を深めていきます。

「御義口伝《おんぎくでん》」には「信の外《ほか》に解無《げな》く解の外に信無し」（全七二五ジペー・新一〇一二ジペー）ともあります。

つまり、「信」を深めることで求道心《きゅうどうしん》が起こり、法理を学び実践し、体験を重《かさ》ねる中で確信を強めていく。そして、生命の実感《じっかん》の上で、「疑《うたが》いが無《な》い」ことが「無疑《むぎ》」なのです。

御文に戻れば、「無疑曰信《むぎわっしん》」の「信の一字」の利剣《りけん》によって、元品《がんぽん》の無明《むみょう》を対治《たいじ》できると仰《おお》せです。

元品《がんぽん》の無明《むみょう》とは、自分の生命に仏の生命が具《そな》わることを信じられない根本的な迷《まよ》いであり、〝不信《ふしん》の生命〟です。本質的に自分自身の尊厳《そんげん》を信じられないことに通《つう》じます。自分の仏性《ぶっしょう》も信じられないのですから、当然、他人の仏性も信じることができない。

どんなに科学が進歩《しんぽ》した時代になっても、この問題は解決できません。不信《ふしん》と憎悪《ぞうお》が渦巻《うずま》く現代社会にあって、自他共《じたとも》に尊極《そんごく》の生命を輝《かがや》かせ、真実の喜《よろこ》びの人生を築《きず》く道を教えているのが仏法です。この元品《がんぽん》の無明《むみょう》を断ち切る「利《り》剣《けん》」こそ信心なのです。

## 「自分自身が南無妙法蓮華経」

恩師《おんし》がよく語られていました。

「自分自身が南無妙法蓮華経だと決めることだ！」

「自分は南無妙法蓮華経以外なにもない！　と決めることが末法《まっぽう》の折伏《しゃくぶく》である」

これこそが、仏法の結論です。いかなる無明《むみょう》をも断破《だんぱ》する、信心の利剣《りけん》の結晶《けっしょう》ともいうべき一言《ひとこと》であると確信しています。

自分自身こそが妙法の当体《とうたい》です。一人ひとりの生命に、無限の可能性が秘《ひ》められています。学会員は、この境涯《きょうがい》に到達《とうたつ》できるのです。

自分の仏性《ぶっしょう》を信じ、人々の仏性をも信じて行動し抜いていく。

このような精神革命の時代を築《きず》いていくこと自体が、実は、広宣流布にほかなりません。私たちは、その偉大なる人類の宿命転換《しゅくめいてんかん》に率先《そっせん》して戦っているのです。

学会員は、自他共《じたとも》の幸福を目指《めざ》して、広宣流布への「信心」を貫《つらぬ》きます。大聖人が仰《おお》せのままの「信心の二字」「信の一字」です。

その「信」を根本として織《お》り成《な》されてきた全国、全世界の学会員の体験談には、識者《しきしゃ》の方々も驚嘆《きょうたん》し、讃嘆《さんたん》しています。

「我並《われなら》びに我《わ》が弟子《でし》・諸難《しょなん》ありとも疑《うたが》う心なくば自然《じねん》に仏界《ぶっかい》にいたるべし」（全二三四ページ・新一一七ページ）――わが同志は、この御文を身で拝《はい》する勇者《ゆうしゃ》の集いです。いかなる苦難《くなん》にも負《ま》けず、不屈《ふくつ》の体験を一つ一つ重《かさ》ねながら、「心の財《たから》」を積《つ》み、「信」を限《かぎ》りなく深めてきました。

どこまでも純粋《じゅんすい》で、深く強い「信」を体得《たいとく》してきました。

学会員の「信」には、大いなる真理に生きる智慧《ちえ》、不幸を根絶《こんぜつ》しようと戦う勇気、そして、〝万人《ばんにん》が皆、仏なり〟との確信に満《み》ちた慈悲《じひ》が備《そな》わっています。永遠の幸福境涯を開いていく「信」が確立されているのです。

## 創価学会は永遠に「信心の団体《だんたい》」

私たちの人生には、正義《せいぎ》を貫《つらぬ》く純真《じゅんしん》な「信念」があります。明確な文証《もんしょう》と理証《りしょう》、そして現証《げんしょう》に基《もと》づいた「確信」があります。何ものにも屈《くっ》しない力強《ちからづよ》い「信仰」があるのです。

創価学会は、永遠に「信心の団体《だんたい》」です。大聖人に連《つら》なる師弟不二《ふに》の信心の大道《だいどう》を、私と共《とも》に、同志と共に、どこまでも威風《いふう》も堂々《どうどう》と、力強《ちからづよ》く歩《あゆ》んでいきましょう。

学会の永遠の基盤《きばん》を築《きず》くのは「今」です。

## 〔注　解〕

（注1）【地涌《じゆ》の菩薩《ぼさつ》】 法華経従地涌出品《じゅうじゆじゅっぽん》第十五で、釈尊《しゃくそん》が滅後《めつご》における妙法弘通《ぐつう》を託《たく》すべき人々として呼《よ》び出《だ》した菩薩たち。大地《だいち》から涌出したので地涌の菩薩という。如来神力品《にょらいじんりきほん》第二十一で滅後悪世《めつごあくせ》における弘通が、釈尊から地涌の菩薩の上首《じょうしゅ》・上行菩薩《じょうぎょうぼさつ》に託《たく》された。

（注2）【「日女御前御返事《にちにょごぜんごへんじ》」】 建治《けんじ》三年（一二七七年）、日女御前に与えられた御消息《ごしょうそく》。「御本尊相《ごほんぞんそう》貌抄《みょうしょう》」という別名が付けられている。日蓮大聖人が御図顕《ごずけん》された御本尊の意義・相貌を示されるとともに、強盛《ごうじょう》な信心に励むよう激励《げきれい》されている。

（注3）【「以信得入《いしんとくにゅう》」】 法華経譬喩品《ひゆほん》第三の文で、「信《しん》を以《もっ》て入《い》ることを得《う》」と読む。法華経には「汝舎利弗《なんじしゃりほつ》すら　尚此《なおこ》の経《きょう》に於《お》いては　信を以て入ることを得《え》たり　況《いわ》んや余《よ》の声聞《しょうもん》をや　其《そ》の余の声聞も　仏語《ぶつご》を信《しん》ずるが故《ゆえ》に　此《こ》の経《きょう》に随順《ずいじゅん》す　己《おの》が智分《ちぶん》に非《あら》ず」（法華経一九七ページ）とあり、仏道修行《ぶつどうしゅぎょう》の要諦《ようてい》が信にあることを強調《きょうちょう》されている。

（注4）【「一心欲見仏《いっしんよくけんぶつ》　不自惜身命《ふじしゃくしんみょう》」】 法華経如来寿量品《にょらいじゅりょうほん》第十六の一節で、「一心に仏を見《み》たてまつらんと欲《ほっ》して　自《みずか》ら身命を惜《お》しまざれば」と読む（法華経四九〇ページ）。正直一途《しょうじきいちず》に妙法を信じ、一心に求道心《きゅうどうしん》を燃やして、不惜身命の実践のあるところ、仏（釈尊《しゃくそん》）が出現す

るとの意。
（注5）【「正直捨方便《しょうじきしゃほうべん》」】法華経方便品《ほうべんぼん》第二の一節。「正直に方便を捨《す》てて」と読む（法華経一四四ジペー）。釈尊《しゃくそん》がそれまで説《と》いてきた諸経は方便の教え・権教《ごんきょう》であるとして、それらをはっきりと捨てること。
（注6）【「不受余経一偈《ふじゅよきょういちげ》」】法華経譬喩品《ひゆほん》第三の一節。「余経の一偈をも受けず」と読む（法華経二〇六ジペー）。真実の大乗《だいじょう》経典である法華経のみを信じて、それ以外の一切《いっさい》の経典の一偈一句《いっく》をも信受《しんじゅ》してはならないとの意。
（注7）【「妙一尼御前御返事《みょういちあまごぜんごへんじ》」】妙一尼に与えられた御消息《ごしょうそく》。信心とはひたすら法華経（御本尊）を信じて南無妙法蓮華経と唱えることであると、信心の在《あ》り方《かた》について示されている。
（注8）【「御義口伝《おんぎくでん》」】日蓮大聖人が、身延《みのぶ》で法華経の要文《ようもん》を講義《こうぎ》され、それを日興上人《にっこうしょうにん》が筆録《ひつろく》したと伝えられている。上下二巻からなる。
（注9）【元品の無明《がんぽんのむみょう》】生命の根源的な無知《むち》、究極《きゅうきょく》の真実を明かした妙法を信じられず理解できない癡《おろ》かさ。また、その無知から起こる暗《くら》い衝動《しょうどう》。

# 現代に菩薩行《ぼさつぎょう》を貫《つらぬ》く　学会の「行動」

〝インド独立《どくりつ》の父〟マハトマ・ガンジー（注1）は、ある時、人に質問されました。

「あなたの宗教とは何か」と。

ガンジーは、同じ部屋《へや》で休んでいた二人の病人《びょうにん》にまなざしを向けつつ、語りました。

「奉仕《ほうし》することが私の宗教です」（「実践における私の宗教」浦田広朗訳、『私にとっての宗教』所収、新評論）。目の前にいる苦悩の人に奉仕することが、自《みずか》ら信ずる宗教だというのです。

この「宗教とは何か」という問《と》い掛《か》けに、マハトマの如《ごと》く、一日一日、自《みずか》らの行動をもって答えを出しているのが、創価の友です。

## 「人間のための宗教」の世紀へ

日蓮仏法は、徹頭徹尾《てっとうてつび》、「人間のための宗教」です。一番重視すべきは、どこまでも眼前《がんぜん》の一人を救《すく》い、幸福にしていく実践です。

苦しみ、悩んでいる人を助けようとする、慈愛《じあい》の奉仕《ほうし》に徹する「行動」にこそ、宗教の価値があります。人を救《すく》うという実践が有《あ》るか無《な》いか。この一点こそ「人間のための宗教」か、それとも「人間を手段化《しゅだんか》する宗教」なのかの分かれ目ともいえるでしょう。

その意味で、仏教が示す「菩薩行《ぼさつぎょう》」こそ、「二十一世紀の宗教」の行方《ゆくえ》を決定づけるキーワードであると申《もう》し上《あ》げたい。

一九六〇年（昭和三十五年）十月二日、私は世界広布の第一歩を踏《ふ》み出《だ》しました。その時も、それ以来も、私は海外だからといって、特別なことは何もしませんでした。いつも、どこまでも「一人」を励まし続けた広布旅《こうふたび》でした。いずこにあっても、「目の前の一人を大切に」と、励ましにつぐ励ましを重《かさ》ねてきました。

世界各地のわが友も、私と同じ心に立って、この実践を貫《つらぬ》いてくれています。それこそ、「一人」に会うために、五時間、六時間、さらに半日《はんにち》、一日とかけて、通《かよ》い続ける。

この草の根の「一対一の励ましの絆《きずな》」が、今日《こんにち》の世界的なＳＧＩ（創価学会インタナショナル）の連帯を築《きず》き上げたのです。

今、多くの人々が、ＳＧＩメンバーが実践する「現代の菩薩行《ぼさつぎょう》」に共感《きょうかん》を寄《よ》せています。世界中で「創価の思想と理念《りねん》」を深く求める時代が到来《とうらい》しました。

私たちの菩薩行《ぼさつぎょう》の根幹は、「自行《じぎょう》」と「化他行《けたぎょう》」です。ここに、人間革命の修行《しゅぎょう》も、広宣流布の拡大も、全部《ぜんぶ》、含《ふく》まれています。

ここでは、信仰の基本である「信・行・学」を学ぶなかで、二番目の「行」について確認していきます。

# 一生成仏抄《いっしょうじょうぶつしょう》

（全三八四ジペー・新三一七ジペー）

御文

一念《いちねん》無明《むみょう》の迷心《めいしん》は磨《みが》かざる鏡《かがみ》なり是《これ》を磨かば必《かなら》ず法性真如《ほっしょうしんにょ》の明鏡《みょうきょう》と成《な》るべし、深《ふか》く信心を発《おこ》して日夜朝暮《にちやちょうぼ》に又懈《またおこた》らず磨くべし何様《いかよう》にしてか磨くべき只《ただ》南無妙法蓮華経と唱《とな》へたてまつるを是をみがくとは云《い》うなり

現代語訳

（私たち凡夫《ぼんぷ》の）無明《むみょう》という根本の迷《まよ》いに覆《おお》われた命《いのち》は、磨《みが》かない鏡《かがみ》のようなものである。これを磨くなら、必ず真実の覚《さと》りの智慧《ちえ》の明鏡《めいきょう》

となるのである。

深く信心を奮《ふる》い起こして、日夜《にちや》、朝夕《あさゆう》に、また怠《おこた》ることなく自身の命《いのち》を磨《みが》くべきである。

では、どのようにして磨《みが》いたらよいのであろうか。ただ南無妙法蓮華経と唱えること、これが磨くということなのである。

## 「行者《ぎょうじゃ》であれ!」との叫《さけ》び

初代会長《しょだいかいちょう》・牧口常三郎先生《まきぐちつねさぶろうせんせい》は、「法華経の信者《しんじゃ》と行者《ぎょうじゃ》と学者及《がくしゃおよ》び其研究法《そのけんきゅうほう》」と題《だい》する講演《こうえん》を残されています(一九四二年十一月)。この時、牧口先生は喝破《かっぱ》されました。

「信者《しんじゃ》と行者《ぎょうじゃ》は区別《くべつ》しなければならない。信ずるだけでも、お願《ねが》いをすれば、御利益《ごりやく》はあるに相違《そうい》ないが、ただそれだけでは、菩薩行《ぼさつぎょう》にはならない。自分ばかり御利益を得て、他人に施《ほどこ》さないような個人主義《こじんしゅぎ》の仏はないはずである。菩薩行をせねば仏にはなれないのである」

この簡潔《かんけつ》な言葉の中に、創価学会の信心の極意《ごくい》が結晶《けっしょう》しています。

信じているだけの「信者《しんじゃ》」ではいけない。学んでいるだけの「学者《がくしゃ》」でもいけない。他者《たしゃ》のための行動に打《う》って出る「行者《ぎょうじゃ》」とならなければ、仏法は分からない。

牧口先生は、創価学会員こそが「行《ぎょう》ずる者」、すなわち末法《まっぽう》における「法華経の行者《ぎょうじゃ》」であり、菩薩行《ぼさつぎょう》を実践する本当の仏法者である、と宣言されたのです。

私たちは御本尊を信受《しんじゅ》し、日々、具体的《ぐたいてき》な実践をしています。それは、私たちの内《うち》にある仏の生命を開き、自他共《じたとも》に絶対的な幸福境涯《きょうがい》を勝ち得ていくための仏道修行《ぶつどうしゅぎょう》であり、具体的《ぐたいてき》には「自行《じぎょう》」と「化他行《けたぎょう》」の両面《りょうめん》となります。

「自行《じぎょう》」とは、自身が功徳《くどく》を受けるための修行《しゅぎょう》であり、勤行（読経《どきょう》・唱題）です。「化他行《けたぎょう》」とは、他人に功徳を受けさせるために仏法を教える実践で、折伏《しゃくぶく》・弘教《ぐきょう》です。広宣流布のためのさまざまな活動は、たとえどんな些細《ささい》なものであっても、全部《ぜんぶ》、化他の修行《しゅぎょう》となります。

「我《われ》もいたし人をも教化候《きょうけそうら》へ」（全一三六一ページ・新一七九三ページ）です。この自行《じぎょう》化他《けた》の実践こそ、「法華経の行者《ぎょうじゃ》」として最も肝要《かんよう》であることを、牧口先生は教えられたのです。

## 生命変革の実践——勤行・唱題

ここで拝読《はいどく》する「一生成仏抄《いっしょうじょうぶつしょう》」（注2）の御文は、生命変革への具体的《ぐたいてき》な実践である「唱題行《しょうだいぎょう》」について示された御聖訓《ごせいくん》です。牧口先生も自《みずか》らの御書に線を引かれていました。

日蓮大聖人は万人《ばんにん》が成仏《じょうぶつ》を成《な》し遂《と》げるために御本尊をあらわされ、「南無妙法蓮華経の唱題行《しょうだいぎょう》」を確立されました。全民衆が等《ひと》しく実践できる仏道修行《ぶつどうしゅぎょう》の道を開いてくださったのです。まさに、偉大な宗教革命です。日蓮仏法においては、「わが一念《いちねん》の変革」こそが重要であると明かされているのです。

一般的《いっぱんてき》に「衆生《しゅじょう》」と「仏」とは、かけ離《はな》れた存在と考えられがちです。しかし大聖人は、両者《りょうしゃ》に隔《へだ》たりはなく、「迷《まよ》い」と「覚《さと》り」の違いにすぎないと仰《おお》せです。

この「迷《まよ》い」の生命を、そのまま「覚《さと》り」の生命に変革する方途《ほうと》が唱題行《しょうだいぎょう》です。

大聖人は、無明《むみょう》（注3）という根本の迷《まよ》いに覆《おお》われた苦悩する生命を「磨《みが》かざる鏡《かがみ》」に、真実の覚《さと》りの生命（法性《ほっしょう》）を「明鏡《みょうきょう》」に譬《たと》えられています。曇《くも》っていて物を映《うつ》さない鏡も、磨いていけば、森羅万象《しんらばんしょう》をよく映し出せる明鏡となります。

同様に、題目を唱え切っていく時、私たちの生命が錬磨《れんま》され、無明《むみょう》を打《う》ち払《はら》うことができる。そして、広大《こうだい》な仏の生命と智慧《ちえ》を開きあらわしていくことができるのです。

まさしく日々の勤行・唱題行《しょうだいぎょう》で、自身の生命を磨《みが》き、境涯《きょうがい》を革命していけるのです。

御文では、そのための要件《ようけん》が挙《あ》げられています。一つは「深《ふか》く信心を発《おこ》して」、もう一つは「日夜朝暮《にちやちょうぼ》に又懈《またおこた》らず」との仰《おお》せです。成仏《じょうぶつ》を阻《はば》む根本の迷《まよ》いである無明《むみょう》と戦うためには、深い信心を起こす「勇気」が必要です。また、一生成仏《いっしょうじょうぶつ》のためには、弛《たゆ》むことなく「持続《じぞく》の信心」を重《かさ》ねていくことが大切であると教えられているのです。

持続とは、「不退転《ふたいてん》」ということでもあります。

大聖人は、「題目《だいもく》を唱《とな》うる人《ひと》・如来《にょらい》の使《つかい》なり、始中終《しちゅうじゅう》すてずして大難《だいなん》を・とをす人・如来の使なり」（全一一八一ページ・新一六一六ページ）、「法華経の信心を・とをし給《たま》へ・火《ひ》をきるに・やすみ《休》ぬれば火をえず」（全一一一七ページ・新一五二二ページ）

等、諸御抄《しょごしょう》で不退転《ふたいてん》の信心を呼びかけられています。

## 「衆生所遊楽《しゅじょうしょゆうらく》」の大境涯《だいきょうがい》を

「衆生所遊楽《しゅにょうしょゆうらく》」のための信心です。

「一切衆生《いっさいしゅじょう》・南無妙法蓮華経と唱《とな》うるより外《ほか》の遊楽《ゆうらく》なきなり」（全一一四三ジペー・新一五五四ジペー）と明確に仰《おお》せの通りです。

どんなに厳《きび》しい苦難《くなん》があっても、唱題によって胸中《きょうちゅう》の仏界《ぶっかい》を力強《ちからづよ》く涌現《ゆげん》していけば、断じて負《ま》けない。師子吼《ししく》の題目の力《ちから》で全《すべ》てを勝ち越え、人生を「遊楽《ゆうらく》」するように生きていくことができる。宿命《しゅくめい》に泣く悲哀《ひあい》の人生も、人々を励まし救《すく》いゆく使命の人生へと転《てん》ずることができる――。この揺《ゆ》るぎない体験と確信をもって、多くの学会員が朗らかに前進してきました。

自他共《じたとも》の幸福を願《ねが》い、「法華経の行者《ぎょうじゃ》」として戦っている学会員ほど、尊《とうと》い存在はありません。

戸田先生は語られていました。

「何があっても題目で勝てる。苦労《くろう》を力《ちから》に変え、仏の生命を涌現《ゆげん》して、いかなる運命《うんめい》も切り開ける。ありのままの姿《すがた》で、あらゆる人を救《すく》っていけるんだよ」

自分だけでなく、あらゆる人をも「衆生所遊楽《しゅじょうしょゆうらく》」の人生を送れるようにしていけるのが、「法華経の行者《ぎょうじゃ》」の唱題行《しょうだいぎょう》なのです。

# 寂日房御書《じゃくにちぼうごしょ》

（全九〇三ジペー・新一二七〇ジペー）

## 御　文

かかる者《もの》の弟子《でし》檀那《だんな》とならん人人《ひとびと》は宿縁《しゅくえん》ふかしと思うて日蓮と同《おな》じく法華経を弘《ひろ》むべきなり、法華経の行者《ぎょうじゃ》といはれぬる事《こと》はや不祥《ふしょう》なりまぬかれがたき身《み》なり

## 現代語訳

このような日蓮の弟子檀那《だんな》となる人々は、宿縁《しゅくえん》が深いと思って日蓮と同じく法華経を弘《ひろ》めるべきである。

（末法《まっぽう》の悪世《あくせ》で、あなた方《がた》が）法華経の行者《ぎょうじゃ》と言われていることは、も

はや（世間の基準《きじゅん》からいえば）不運《ふうん》なことであり、免《まぬか》れ難《がた》い身である。

## 折伏《しゃくぶく》の実践こそ宗教の生命

次に拝《はい》するのは、「法華経の行者《ぎょうじゃ》」即《すなわ》ち、「地涌《じゆ》の菩薩《ぼさつ》」の使命を自覚し、大聖人と同じく法華経を弘《ひろ》めゆけ――と教えられた「寂日房御書《じゃくにちぼうごしょ》」（注4）の一節です。

「末法《まっぽう》の法華経の行者《ぎょうじゃ》」の使命とは、悪世《あくせ》のまっただ中で、一人ひとりを救《すく》い切っていく自行化他《じぎょうけた》の実践です。

末法《まっぽう》におけるこの折伏行《しゃくぶくぎょう》こそが、三毒《さんどく》を打《う》ち破《やぶ》り、人類の宿命《しゅくめい》を転換《てんかん》する一大聖業《いちだいせいぎょう》なのです。

一九三九年（昭和十四年）の春、牧口先生は福岡の八女《やめ》まで足を運《はこ》ばれ、一人の婦人を折伏《しゃくぶく》されました。

婦人が入会を決意すると、その翌日《よくじつ》、牧口先生は「早速《さっそく》、実践に移《うつ》らねば」と言われ、彼女《かのじょ》と夫《おっと》を連《つ》れて、長崎の雲仙方面《うんぜんほうめん》へ弘教《ぐきょう》に向かわれました。

「折伏《しゃくぶく》こそ、宗教の生命です！」──この時、先生が厳然《げんぜん》と教えられた言葉は、火の国・九州の広宣流布の発火点《はっかてん》となりました。

実践があってこそ、初《はじ》めて仏法の偉大さが体得《たいとく》できます。行動こそ、仏法者の生命線です。先師《せんし》は、その真髄《しんずい》を、身をもって示してくださったのです。

## 法華経勧持品《かんじほん》を身読《しんどく》

さて、この御文の前段《ぜんだん》までで、大聖人は御自身《ごじしん》のことについて「日本第一の法華経の行者《ぎょうじゃ》」であること、また、法華経勧持品《かんじほん》の「二十行の偈《にじゅうぎょうのげ》」（注5）は、日本国の中で大聖人お一人が身で読まれたことを述《の》べています。

「二十行の偈《にじゅうぎょうのげ》」には、釈尊《しゃくそん》の滅後悪世《めつごあくせ》に妙法を弘《ひろ》める時、三類《さんるい》の強敵《ごうてき》による迫害《はくがい》が競《きそ》い起こることが記《しる》されています。

さらに、大聖人が「上行《じょうぎょう》菩薩《ぼさつ》」（注6）の自覚に立ち、日本国の一切衆生《いっさいしゅじょう》に法華経を受け持《たも》つよう勧《すす》めてきたこと、その実践は身延入山《みのぶにゅうざん》以降も変わっていないことを綴《つづ》られます。そして、門下《もんか》が、師匠である大聖人と同じように、法華経に説《と》かれる広宣流布の精神のままに民衆救済《きゅうさい》の実践を貫《つらぬ》いていくべきであると教えられているのです。

## 「宿縁《しゅくえん》ふかし」との心で

御文では「宿縁《しゅくえん》ふかし」と仰《おお》せです。「宿縁」とは、過去世からの因縁《いんねん》を意味します。ここでは、師匠である大聖人と弟子は、過去世からの強い生命の絆《きずな》を持っていることを指しています。

諸御抄《しょごしょう》では、繰《く》り返《かえ》し、門下《もんか》の「宿縁《しゅくえん》」について教えられています。

「過去《かこ》の宿縁《しゅくえん》追《お》い来《きた》って今度《こんど》日蓮が弟子《でし》と成《な》り給《たも》うか」（全一三三八ページ・新一七七六ページ）

「まことに宿縁《しゅくえん》のをふところ予《よ》が弟子《でし》となり給《たも》う」（全一三六二ページ・新一七九三ページ）

「法華経の法門《ほうもん》を一文一句《いちもんいっく》なりとも人《ひと》に・かたらんは過去《かこ》の宿縁《しゅくえん》ふか《深》しとおぼしめすべし」（全一四四八ページ・新一七二〇ページ）

「宿縁《しゅくえん》ふかし」とは、まさしく「共戦《きょうせん》の門下《もんか》」と言い換《か》えることができるでしょう。常に師匠と広布の庭《にわ》で、共戦の人生を歩《あゆ》んでいく――これほどの誉《ほま》れはありません。

拝読《はいどく》御文の後半《こうはん》では、「あなた方が法華経の行者《ぎょうじゃ》と言われていることは、もはや不運《ふうん》なことである」と仰《おお》せです。ここでは大聖人の門下《もんか》となり、法華経のゆえに難《なん》を受けることは、世間の価値観からすれば不運であり、災難《さいなん》であるとの趣旨《しゅし》です。しかし、仏法の眼《まなこ》から宿縁《しゅくえん》の深さを見る時、地涌《じゆ》の菩薩《ぼさつ》として大聖人の御精神《ごせいしん》の通りに、広布に前進できること以上の喜《よろこ》びはありません。使命の道を貫《つらぬ》くがゆえに、大闘争の途上《とじょう》において難に遭《あ》うことは、必然《ひつぜん》の名誉《めいよ》であり、ゆえに、決定《けつじょう》した信心に立つことが重要となるのです。

私たちは、どこまでも「日蓮と同《おな》じく法華経を弘《ひろ》むべきなり」との仰《おお》せのままに、縁《えん》する友に仏法を語っていくのです。この世に生まれて、人々の幸福に尽《つ》くし、多くの人から「あなたのおかげで救《すく》われた」と言われる貢献《こうけん》の人生を歩《あゆ》むことができる。ここに人間としての最も尊《とうと》い価値があります。

私たちの下種《げしゅ》の活動は、すぐ実《みの》りにつながる場合と、時間がかかる場合があります。しかし、功徳《くどく》は同じです。

大事なのは、相手が信心してもしなくても、誠実に堂々《どうどう》と仏法を語り抜くことです。粘《ねば》り強《づよ》く、真心《まごころ》を込めていくことです。そうすれば、相手の生命に植《う》えた仏の種は、必ず大きく育っていくのです。

「南無妙法蓮華経と我《われ》も唱《とな》へ他《た》をも勧《すす》めんのみこそ今生人界《こんじょうにんかい》の思出《おもいで》なるべき」（全四六七ジペー・新五一九ジペー）との仰《おお》せの通り、自行化他《じぎょうけた》の実践こそが最高の善《ぜん》を生み出す行動なのです。

## 御義口伝《おんぎくでん》

御文

大願《だいがん》とは法華弘通《ほっけぐつう》なり

（全七三六ジペー・新一〇二七ジペー）

現代語訳

大願《だいがん》とは、法華弘通《ほっけぐつう》のことである。

### 大願《だいがん》に生き抜く中に仏の境涯《きょうがい》が

仏教の創始者《そうししゃ》である釈尊《しゃくそん》の願《ねが》いは、万人《ばんにん》の幸福の実現です。法華経方便品《ほうべんぼん》第二には、釈尊自身の誓願《せいがん》について「如我等無異《にょがとうむい》（我《わ》が如《ごと》く等《ひと》しくして異《こと》なること無《な》からしめん）」（法華経一三〇㌻）と説《と》かれています。全《すべ》ての人々を、釈尊と同じ仏の境涯《きょうがい》に高めたいとの誓願です。

大聖人は、末法万年《まっぽうまんねん》の民衆救済《きゅうさい》のために、「日蓮一度もしりぞく心《こころ》なし」（全一二二四㌻・新一六三五㌻）とのお心で、あらゆる大難《だいなん》を勝ち越えて妙法を弘《ひろ》められ、この「如我等無異《にょがとうむい》」の大道《だいどう》を開いてくださったのです。

「日興遺誡置文《にっこうゆいかいおきぶみ》」にも、「未《いま》だ広宣流布せざる間《あいだ》は身命《しんみょう》を捨《す》て随力弘通《ずいりきぐつう》を致《いた》す可《べ》き事《こと》」（全一六一八㌻・新二一九六㌻）とあります。

広宣流布に生き抜く人こそが、本当の大聖人の弟子であり、信心の継承者《けいしょうしゃ》となります。

御聖訓《ごせいくん》の通りに妙法弘通《ぐつう》に挑《いど》み続け、一人ひとりが自行化他《じぎょうけた》の実践に徹しているからこそ、創価学会は世界宗教として大きく飛翔《ひしょう》することができたのです。

## 日々の生活の中で幸福の実現を

大聖人は、命《いのち》にも及《およ》ぶ佐渡流罪《さどるざい》の大難《だいなん》の中で「開目抄《かいもくしょう》」を著《あらわ》され、「大願《だいがん》を立《た》てん」（全二三二㌻・新一一四㌻）と宣言されました。そして、一切衆生《いっさいしゅじょう》を救《すく》う「柱《はしら》」「眼目《がんもく》」「大船《たいせん》」になるとの誓《ちか》いに立たれて、ただただ、広宣流布の実現を願《ねが》われたのです。

「御義口伝《おんぎくでん》」（注7）の御文にあるように、「大願《だいがん》」とは「法華弘通《ほっけぐつう》」、つまり「広宣流布の大願」にほかなりません。それは、地涌《じゆ》の菩薩《ぼさつ》の「誓願《せいがん》」とも一体《いったい》です。

日々、御本尊を拝《はい》し、自他共《じたとも》の幸福の実現へと対話に走る――。学会員は、この濁世《じょくせ》にあって、広布の誓願《せいがん》を掲《かか》げながら、世界中で菩薩行《ぼさつぎょう》を生き生きと実践しているのです。

牧口先生は「仏法は生活法」であるといわれました。仏法は、私たちの

「生《せい》」を、最大に「活《い》」かす「法」です。私たちは日々、折伏《しゃくぶく》・弘教《ぐきょう》で、自他《じた》共《とも》の「生」を活性化《かっせいか》させています。人生の道に迷《まよ》い、苦悩に沈《しず》む友に、また生きる意味を見いだせない人に、対話という最も地道《じみち》な行動を通して、希望と蘇《そ》生《せい》の光《ひかり》を送り、「生命の意義」を共々《ともども》に高め合っています。それは、人類の境《きょう》涯《がい》革命を進める尊《とうと》き実践でもあります。

## 創価学会は世界平和構築《こうちく》の礎《いしずえ》

現代にあって、御本仏《ごほんぶつ》のお心のままに、「広宣流布」の大願《だいがん》を成就《じょうじゅ》することを誓《ちか》って立ち上がった仏意仏勅《ぶついぶっちょく》の教団《きょうだん》が、創価学会です。一閻浮提《いちえんぶだい》広宣流布を進めている団体《だんたい》は、学会以外にありません。

創価学会は「折伏《しゃくぶく》の団体《だんたい》」です。

折伏《しゃくぶく》は、歓喜《かんき》の波動《はどう》を広げます。

戸田先生は「折伏《しゃくぶく》というものは苦しんでやるものではない、楽しくやらなければなりません」と、言われました。菩薩行《ぼさつぎょう》は、常に誓願《せいがん》に生きる価値創造《そうぞう》の喜《よろこ》びがあるからです。

二〇一三年（平成二十五年）十一月、「広宣流布大誓堂《だいせいせいどう》」が落成《らくせい》した際《さい》にも全《ぜん》同志に呼び掛《か》けましたが、「広宣流布の大願《だいがん》」と「仏界《ぶっかい》の生命」とは一体《いったい》です。誓願《せいがん》を貫《つらぬ》いた時に、「仏の勇気」「仏の智慧《ちえ》」「仏の慈悲《じひ》」が限りなく湧《わ》き出《で》てきます。ゆえに、私たちは、この誓願の力《ちから》によって、どんな悩みも変毒為薬《へんどくいやく》し、宿命《しゅくめい》をも使命へと転《てん》じていくことができるのです。

この広布の大願《だいがん》に生き抜く地涌《じゆ》の友が、今、世界中に踊《おど》り出《で》ています。いずこの国でも菩薩行《ぼさつぎょう》を実践し、多くの人々を幸福の軌道《きどう》に導《みちび》いています。対話を通して、国境《こっきょう》を超えた民衆の連帯を築《きず》いています。創価学会の存在自体が、世界平和構築《こうちく》の礎《いしずえ》となっているのです。

「人間革命」の哲学を掲《かか》げ、幸福と平和の連帯を広げる創価学会に、世界の知性《ちせい》から期待が寄《よ》せられています。

私が対談したカナダの世界的な平和学者ラパポート博士（注8）は、こう力強《ちからづよ》く語ってくださいました。

「世界の平和運動の多くは核兵器《かくへいき》と戦争への〝恐怖《きょうふ》〟から生まれたものですが、ＳＧＩは〝平和とは人々の喜《よろこ》びと幸福が実現することである〟と、一歩《いっぽ》深い次元《じげん》から平和運動を進めています。このような平和の団体《だんたい》は、世界に一つしかありません！」

学会は永遠に「平和の団体《だんたい》」です。

## 尊《とうと》き創価の菩薩行《ぼさつぎょう》の誉《ほま》れ

私たちの行動には、各界《かくかい》の識者《しきしゃ》たちから大きな信頼と期待が寄《よ》せられています。私たちが動いた分だけ、幸福と平和が広がります。

「常に前へ」「さらなる希望の峰《みね》へ」と、私たちは、世界の友と心一つに進んでいきたい。学会はどこまでも「実践の団体《だんたい》」です。行動し続けるからこそ発展があり、勝利があるのです。

自他共《じたとも》の幸福を願《ねが》う地涌《じゆ》の励まし運動こそ、究極の菩薩行《ばさつぎょう》です。永遠に民衆史に輝《かがや》く壮大《そうだい》な地涌の陣列《じんれつ》に連《つら》なっているのが、私たち学会家族なのです。

尊《とうと》き創価の菩薩行《ぼさつぎょう》を貫《つらぬ》く誉《ほま》れを胸に、今日《きょう》も自行化他《じぎょうけた》の実践に励み、栄光凱歌《えいこうがいか》の人生を歩《あゆ》んでいこうではありませんか！

## ［注　解］

（注1）【マハトマ・ガンジー】一八六九年〜一九四八年。インドの政治家、民族《みんぞく》運動の指導者。一八九三年、南アフリカで、インド人に対する白人の人種差別に反対し、サティヤーグラハ（真理の把握《はあく》）と呼ぶ非暴力《ひぼうりょく》の不服従《ふふくじゅう》運動を展開。第一次大戦後《じたいせんご》、インドに帰国《きこく》し、一九二〇年代初頭《しょとう》からインド国民会議派《こくみんかいぎは》を率《ひき》いて独立《どくりつ》運動を指導した。インド民族運動の指導者として、文豪《ぶんごう》タゴールにより、「マハトマ（偉大な魂《たましい》）」と呼ばれた。

（注2）【「一生成仏抄《いっしょうじょうぶつしょう》」】建長《けんちょう》七年（一二五五年）の著作《ちょさく》とされる御書《ごしょ》。南無妙法蓮華経の題目を唱えることが一生成仏の直道《じきどう》であることを強調《きょうちょう》されている。

（注3）【無明《むみょう》】生命の根本的な無知《むち》。究極の真実を明かした妙法を信じられず、理解できない癡《おろ》かさ。また、その無知から起こる暗《くら》い衝動《しょうどう》。

（注4）【「寂日房御書《じゃくにちぼうごしょ》」】弘安《こうあん》二年（一二七九年）、大聖人の弟子である寂日房日家《にっけ》を介《かい》して、安《あ》房在住《わざいじゅう》と推定《すいてい》されるある門下《もんか》に与えられた御消息《ごしょうそく》。

（注5）【「二十行《にじゅうぎょう》の偈《げ》」】法華経勧持品《かんじほん》第十三にある、漢訳《かんやく》経典で二十行にわたる偈のこと。菩薩《ぼさつ》たちが、釈尊滅後《しゃくそんめつご》に、①俗衆増上慢《ぞくしゅぞうじょうまん》（在家《ざいけ》の迫害者《はくがいしゃ》）②道門《どうもん》増上慢（出家《しゅっけ》の迫害者）③僭《せん》

聖《しょう》増上慢（迫害の元凶《げんきょう》となる高僧《こうそう》）の「三類《さんるい》の強敵《ごうてき》」の大難《だいなん》に耐《た》えて法華経を弘通《ぐつう》することを誓《ちか》った文。

（注6）【「上行菩薩《じょうぎょうぼさつ》」】法華経従地涌出品《じゅうじゆじゅっぽん》第十五で、釈尊《しゃくそん》が滅後《めつご》の弘通《ぐつう》を託《たく》すために呼び出した久《く》遠《おん》の弟子である地涌《じゆ》の菩薩の上首《じょうしゅ》（リーダー）。神力品《じんりきほん》第二十一では、地涌の菩薩の代表として釈尊から付嘱《ふぞく》を受けた。

（注7）【「御義口伝《おんぎくでん》」】本書三七ページ（注8）を参照。

（注8）【ラパポート博士】アナトール。一九一一年〜二〇〇七年。世界の平和研究《けんきゅう》のパイオニアの一人。カナダ・トロント大学平和科学研究センター所長等を歴任《れきにん》。主著《しゅちょ》に『戦争・ゲーム・論争《ろんそう》』等。池田大作先生との会見《かいけん》は一九八五年七月。

# 民衆の境涯《きょうがい》を高める　学会の「教学《きょうがく》」

「宗教の目的」は何か。
それは、「自他共《じたとも》の幸福」であり、「民衆の幸福」です。「世界の平和」です。
そのために民衆一人ひとりが賢明《けんめい》になり、強くなるしかない——これが、創価学会の創立者《そうりつしゃ》・牧口常三郎《つねさぶろう》先生の揺《ゆ》るがぬ信念でした。

何が正義《せいぎ》で、何が正しき人生なのか。

この問《と》いは、人間にとって古来《こらい》から変わらぬ普遍的《ふへんてき》な探求《たんきゅう》であるといえるでしょう。

牧口先生は、その賢明《けんめい》な判断のための確固《かっこ》たる生命尊厳《そんげん》の哲学を、日蓮大聖人の「太陽の仏法」、なかんずく、「御書」に求められたのです。

毎年、巡《めぐ》り来《く》る十一月十八日は、学会の「創立記念日《そうりつきねんび》」であるとともに、当時の軍部《ぐんぶ》政府の弾圧《だんあつ》に屈《くっ》せず、民衆救済《きゅうさい》の精神を貫《つらぬ》き通した牧口先生が殉教《じゅんきょう》された日であります。

牧口先生は、投獄《とうごく》された時、真《ま》っ先《さき》に御書を所望《しょもう》されました。ご高齢《こうれい》で、食べるものもままならない過酷《かこく》な環境《かんきょう》にあっても、求道心《きゅうどうしん》を明々《あかあか》と燃え上がらせていたのです。

## 妙法の哲理を求める獄中《ごくちゅう》闘争

獄中《ごくちゅう》からご家族に宛《あ》てた手紙には、「信仰が第一」「信仰を一心《いっしん》にする」「大聖人様の佐渡《さど》の御苦《おんくる》しみをしのぶと何《なん》でもありません」と、命《いのち》を賭《と》して「信心根本」「御書根本」に生き抜く誇《ほこ》りがあふれていました。

共《とも》に獄《ごく》に入った弟子の戸田城聖《じょうせい》先生も、不屈《ふくつ》の信念で御書を拝《はい》し、法華経を読み、唱題と思索《しさく》を重《かさ》ね、「仏とは生命なり」「我《われ》、地涌《じゆ》の菩薩《ぼさつ》なり」と悟達《ごだつ》されました。

先師《せんし》と恩師《おんし》は、人類の幸福のため、世界の平和のために、権力の魔性《ましょう》と敢然《かんぜん》と戦い抜き、獄中《ごくちゅう》で「行学《ぎょうがく》の二道《にどう》」を巍巍堂堂《ぎぎどうどう》（堂々として威厳《いげん》のある姿《すがた》）と貫《つらぬ》き通されたのです。この広宣流布に戦い続ける「死身弘法《ししんぐほう》」（注1）の精神こそ、創価三代の師弟の魂《たましい》です。

両《りょう》先生にとって、御書を拝《はい》することは、まさしく、仏の生命をわが身に体《たい》する命《いのち》懸《が》けの闘争と一体《いったい》でした。

学会には、両《りょう》先生が体現された御書身読《しんどく》の精神が厳然《げんぜん》と継承《けいしょう》されています。

そして、学会は、民衆が自《みずか》ら仏法を学び、自ら語り、自ら行動する、自立《じりつ》した大哲学運動を築《きず》きました。

この民衆による〝校舎《こうしゃ》なき行学錬磨《ぎょうがくれんま》の総合《そうごう》大学〟は、今や全世界に広がっています。

「信・行・学」の基本として、ここでは、この不二《ふに》の師弟に貫《つらぬ》かれた「学」の精神を、共々《ともども》に学んでいきたい。

# 佐渡御書《さどごしょ》

（全九六一ジペー・新一二九一ジペー）

**御文**

佐渡《さど》の国は紙候《かみそうら》はぬ上面面《うえめんめん》に申《もう》せば煩《わずらい》あり一人《ひとり》ももるれば恨《うらみ》ありぬべし此文《このふみ》を心ざしあらん人人《ひとびと》は寄合《よりあう》て御覧《ごらん》じ料簡候《りょうけんそうらい》て心なぐさませ給《たま》へ

**現代語訳**

佐渡国《さどのくに》は紙がないうえ、一人ひとりに手紙を差《さ》し上《あ》げるのは煩《わずら》わしく、また一人でも漏《も》れれば不満《ふまん》があるでしょう。この手紙を心ざしのある方々は寄《よ》り集まってご覧《らん》になり、よく思索《しさく》して心を慰《なぐさ》めてください。

## 「直接いただいた」との思いで

大聖人の門下《もんか》へのお手紙は、その大半《たいはん》が、直接お会いすることが難《むずか》しくなった佐渡流罪《さどるざい》以降、特に身延《みのぶ》に入られてからのものです。

迫害《はくがい》の渦中《かちゅう》にある弟子、肉親《にくしん》の死や人生の苦境《くきょう》に喘《あえ》ぐ門下《もんか》の心の機微《きび》を察《さっ》し、心情《しんじょう》を思いやられる大慈大悲《だいじだいひ》からほとばしるお言葉がつづられています。生命と生命が響《ひび》き合う、門下《もんか》との心温まる交流に満《み》ちているからこそ、時を超えて、拝《はい》する人々の心に、尽《つ》きせぬ感動が迫《せま》ってくるのです。

「佐渡御書《さどごしょ》」(注2)は、自《みずか》らも命《いのち》を狙《ねら》われていた流罪中《るざいちゅう》の御執筆《ごしっぴつ》の書です。紙が不足《ふそく》していたため、大聖人は一通のお手紙に思いの丈《たけ》を託《たく》し、門下《もんか》全体に伝えられたのです。

迫害《はくがい》の嵐《あらし》の中、少人数《しょうにんずう》で集まってお手紙を拝《はい》し、自分たち弟子を思われる師匠の慈愛《じあい》に触《ふ》れ、門下《もんか》はどんなに胸を熱くしたことでしょう。さらに、大難《だいなん》を覚悟《かくご》のうえで、広宣流布に戦われる大境涯《だいきょうがい》に触《ふ》れ、不屈《ふくつ》の勇気を奮《ふる》い起こしたに違いありません。皆で聴聞《ちょうもん》することで、共々《ともども》に信仰を貫《つらぬ》くことを誓《ちか》い合い、励まし合い、清新《せいしん》な決意で出発し合った情景《じょうけい》が目に浮《う》かびます。

この麗《うるわ》しき師弟の交流は、現代に生きる私たちにあっても同じです。

〝このお手紙は私にいただいたのだ〟〝私のために言われているのだ〟と、わが身に体《たい》して、御書を拝《はい》していくことが大切なのです。

## 戦いの中で徹して学べ

牧口先生の御書には、「開目抄《かいもくしょう》」に多くの朱線《しゅせん》が引かれ、「行者とは何《なん》ぞや」「折伏《しゃくぶく》」「大願《だいがん》」等々《とうとう》、たくさんの書き込みがあります。峻厳《しゅんげん》な求道《きゅうどう》の息吹《いぶき》が伝わってきます。

牧口先生が、「大聖人様のご慈悲《じひ》、ただ涙なしには拝《はい》せられませぬ」と語られたように、御本仏《ごほんぶつ》の御精神《ごせいしん》に触《ふ》れていくことが、御書を拝《はい》していくことの根幹です。

牧口先生が学ばれた「開目抄」

戸田先生は、「開目抄《かいもくしょう》」の一節を拝《はい》するに際《さい》し、大聖人の烈々《れつれつ》たる大生命に、そのまま触《ふ》れる感動、感激《かんげき》を、こう述懐《じゅっかい》されていました。

「真夏の昼の太陽のごとき赫々《かっかく》たるお心がつきさされてくるのである。熱鉄《ねってつ》の巨大《きょだい》なる鉄丸《てつがん》が胸いっぱいに押《お》しつめられた感じであり、ときには、熱湯《ねっとう》のふき上がる思いをなし、大瀑布《だいばくふ》が地をもゆるがして、自分の身の上にふりそそがれる思いもするのである」

私も、青春時代、戸田先生をお守りする闘争の日々に、どんなに疲《つか》れていても、御書を拝《はい》したことを思い起こします。

若き日の日記に「一体何《いったい》をもって、多感《たかん》の青年の、解決、解答の鍵《かぎ》とすべきか。いま、御書を拝《はい》し、歓《よろこ》びにふるえる。すべての本源、根底を諦《あき》らかに説《と》き、真実の幸福を示唆《しさ》された、仏法」と、拝読《はいどく》の歓喜《かんき》をつづりました。

牧口先生は「仏法を〝智解《ちげ》〟しようとしてはいけない。〝信解《しんげ》〟するものだ」と言われていました。たとえ難解《なんかい》に感じたとしても、広布の実践に励む中で、〝分かろう〟〝分かりたい〟と肉薄《にくはく》することによって、自身の境涯《きょうがい》を開いていくことができるのです。

一節でもいい、一行でもいい、日々、御書を拝《はい》することで、自身の生命を最高に輝《かがや》かせていくことができるのです。

## 行き詰《づ》まった時にこそ御書を繙《ひもと》け

たとえ絶望《ぜつぼう》の淵《ふち》に立たされても、御書を拝《はい》すれば、胸中《きょうちゅう》に希望の太陽が昇《のぼ》ります。行き詰《づ》まった時にこそ御書を繙《ひもと》けば、何ものをも恐《おそ》れぬ師子《し》王《しおう》の心を取《と》り出《いだ》すことができます。

病《やまい》にあっても、御書を開けば、蘇生《そせい》の力《ちから》がわが生命に漲《みなぎ》ります。

草創《そうそう》の同志は、折伏《しゃくぶく》に、個人《こじん》指導に、広布の戦場《せんじょう》には、必ず御書を携《たずさ》えて戦ってきました。また、勤行・唱題の前後《ぜんご》に、御書を声を出して拝《はい》してきました。苦楽《くらく》を共《とも》にした御書は、至《いた》る所がすり減《へ》り、多くのページに線や書き込みがびっしりとありました。御書を通して大聖人の魂《たましい》に触《ふ》れ、一日一日を勝ち抜いてきたのです。

自身の宿命《しゅくめい》と戦いながら、御書を心肝《しんかん》に染《そ》めて広宣流布の大願《だいがん》へ、何ものにも負《ま》けない仏の生命を涌現《ゆげん》して前進する。これが、幸福と勝利の人生を開く教《きょう》学《がく》の直道《じきどう》なのです。

# 上野殿後家尼御返事《うえのどのごけあまごへんじ》

（全一五〇五ページ・新一八三四ページ）

## 御文

法華経の法門《ほうもん》をきくにつけて・なをなを信心をはげむ《励》を・まこと《真》の道心者《どうしんしゃ》とは申《もう》すなり、天台云《てんだいいわ》く「従藍而青《じゅうらんにしょう》」云云《うんぬん》、此《こ》の釈《しゃく》の心はあい《藍》は葉《は》のとき《時》よりも・なをそめ《染》れば・いよいよあを《青》し、法華経はあいのごとし修行《しゅぎょう》のふかき《深》は・いよいよあを《青》きがごとし

## 現代語訳

法華経の法門《ほうもん》を聞く度《たび》に、ますます信心に励んでいく人を、真の求《きゅう》

道《どう》の人というのです。

天台大師《てんだいだいし》は「青《あお》は藍《あい》から出《で》て、藍よりも青い」と言われています。この言葉の意味は、植物《しょくぶつ》の藍《あい》は、その葉《は》からとった染料《せんりょう》で重《かさ》ねて染《そ》めれば、葉の時よりも、ますます青《あお》みが深まるということです。

法華経は藍《あい》のようなもので、修行《しゅぎょう》が深まるのは、ますます青《あお》くなるようなものです。

## 生命を仏界《ぶっかい》に染《そ》めよ

夫《おっと》を亡《な》くし、悲《かな》しみに耐《た》えながら、必死《ひっし》に子どもたちを育てる上野尼御前《うえのあまごぜん》に送られたお手紙です〈「上野殿後家尼御返事《うえのどのごけあまごへんじ》」（注3）〉。

大聖人は、尼御前《あまごぜん》の悲しみや嘆《なげ》きに同苦《どうく》され、悲哀《ひあい》を乗り越え、幸福になることを願《ねが》い、励まされています。尼御前は、純真《じゅんしん》に信心を貫《つらぬ》いてきました。しかし、夫《おっと》に先立《さきだ》たれ、家族を守る責任《せきにん》を背負《せお》ったことで、心が折《お》れそうになることもあったでしょう。

大聖人は、竜女《りゅうにょ》（注4）の「即身成仏《そくしんじょうぶつ》」（注5）の法理を示され、尼御前《あまごぜん》の心に、絶対に幸せになれるとの希望の光《ひかり》を注《そそ》がれています。

即身成仏《そくしんじょうぶつ》のためには、仏界《ぶっかい》の生命を覆《おお》い隠《かく》している無明《むみょう》（注6）を打《う》ち破《やぶ》るしかありません。大事なのは、「なをなを」の信心です。

自身の生命にある仏と魔《ま》との闘争は、決《けっ》して簡単なことではありません。魔に打ち勝つには、絶《た》えず自行化他《じぎょうけた》の題目を唱え、信心をより深く、強くしていく以外にない。

ここでは、信心を深くしていくことを、「従藍而青《じゅうらんにしょう》」（注7）を通して、教えてくださっています。

信心も、日々、自身の願《ねが》いや目標に向かって、実践に励み、努力していくからこそ、祈りが強くなり、信心が深まるのです。

御書を拝《はい》していく意義も同じです。戦いの中で何度も何度も拝していくことによって、自身の生命に、大聖人の勇気と正義《せいぎ》のお振《ふ》る舞《ま》い、弟子を思う大慈悲《だいじひ》、何より妙法流布への大情熱を焼《や》き付《つ》けるのです。そして、わが生命を仏界《ぶっかい》で染《そ》め上《あ》げるのです。「法華経にそめられ奉《たてまつ》れば必《かなら》ず仏《ほとけ》になる」（全一四七四ジペー・新一九五一ジペー）と仰《おお》せの通りです。

大聖人の生命に肉薄《にくはく》し、自分自身が地涌《じゆ》の菩薩《ぼさつ》であり、妙法蓮華経の当体《とうたい》であるとの確信を深め実践していけば、「生きていること自体が楽しい」と言える絶対的幸福境涯《きょうがい》（注8）を必ず開いていくことができます。

## 功徳力《くどくりき》を引き出す信心

戸田先生は、戦後《せんご》、学会の再建《さいけん》にあたり、「戦時中《せんじちゅう》の弾圧《だんあつ》で幹部が退転《たいてん》したのは、教学《きょうがく》がなかったからだ」と語られていました。

いかなる迫害《はくがい》の嵐《あらし》にも怯《ひる》まない弟子を育てるため、教学《きょうがく》に全力《ぜんりょく》を注《そそ》がれたのです。

戸田先生は、教学《きょうがく》の必要性を感じていない会員に、次のように語られたことがあります。

「『御利益《ごりやく》を受ければ教学《きょうがく》はどうでもよい』といっているものもあると聞くが、とんでもない。教学により信心が強くなり、高まるから、功徳《くどく》がでるのです。

四力《しりき》（注9）というが、『信力《しんりき》・行力《ぎょうりき》』の強さによって『法力《ほうりき》・仏力《ぶつりき》』が強くなる。この法力・仏力を現《あらわ》すには、その人自身の信力・行力による。この二つが冥《みょう》じて、仏力・法力となって、われわれの頭ではわからない奇跡《きせき》のような功《く》徳《どく》となって現れるのだ」と。

汲《く》めども尽《つ》きぬ御本尊の偉大なる功力《くりき》を、自由《じゆう》自在に引き出していくのは、信心の力《ちから》です。その信心の力を強固《きょうこ》にするのが教学《きょうがく》です。

教学《きょうがく》を深めることで、疑問《ぎもん》が納得《なっとく》に変わり、「そういうことだったのか」と分かれば、さらに強盛《ごうじょう》な祈りとなります。

「本当にすごい仏法だ」と感じれば、祈りに感謝が生まれます。

「叶《かな》わないわけがない」と腹《はら》が決まれば、祈りは歓喜《かんき》に包《つつ》まれます。

「学」によって「信」が強くなれば、歓喜《かんき》と感謝の祈りが生まれ、御本尊の功徳力《くどくりき》を存分《ぞんぶん》に強く引き出していくことができるのです。

### 求道心《きゅうどうしん》こそ幸福と勝利の直道《じきどう》

戸田先生は、豊島公会堂《としまこうかいどう》での一般講義《いっぱんこうぎ》でよく、「私の受けた功徳《くどく》を、この公会堂の大きさとすると、皆さんのは小指《こゆび》くらいだ」と語られていました。

全《ぜん》学会員に、限《かぎ》りない御本尊の功徳《くどく》を受けきってもらいたい。一人ももれなく幸福になってほしいと、心から願《ねが》われたのです。不二《ふに》の弟子である私も、同じ思いで講義《こうぎ》をつづってきました。

「学」の実践も、大切なのは求道心《きゅうどうしん》です。単《たん》に教学《きょうがく》の知識をたくさん持っている、よく知っているという次元《じげん》ではなく、常に大聖人の魂《たましい》に触《ふ》れて戦っていく人が、最も信心強盛《ごうじょう》で尊《とうと》い存在なのです。

「学」の道にゴールはありません。

学べば学ぶほど、「学」が深まり、「信」も「行《ぎょう》」も深まるのです。永遠に前進し、向上《こうじょう》していく健気《けなげ》な信心の人こそ、本当の求道者《きゅうどうしゃ》として、自由《じゆう》自在の境《きょう》涯《がい》に生ききっていける。

学会活動もそのためにあるのです。

悩みや困難《こんなん》に直面《ちょくめん》した時など、会合へ向かう足が重《おも》い場合もあるでしょう。しかし、そういう時こそ、仏の集《つど》いである学会の会合に足を運《はこ》び、教学《きょうがく》を学び、体験を聞くことで、生命が躍動《やくどう》します。信心が磨《みが》かれ、境涯《きょうがい》を開いて、足取りも軽《かる》く前進していけるのです。

## 諸《しょ》法《ほう》実《じっ》相《そう》抄《しょう》

**御文**

（全一三六一ページ・新一七九三ページ）

行学《ぎょうがく》の二道《にどう》をはげみ候《そうろう》べし、行学たへ《絶》なば仏法はあるべからず、我《われ》もいたし人《ひと》をも教化《きょうけ》候《そうら》へ、行学は信心よりをこるべく候、力《ちから》あらば一文一句《いちもんいっく》なりともかたら《談》せ給《たも》うべし

**現代語訳**

行学《ぎょうがく》の両面《りょうめん》の修行《しゅぎょう》を励んでいきなさい。行学が絶《た》えたところに仏法はありません。自分も実践し、人にも教え、導《みちび》いていきなさい。行学は信心から起こるのです。力《ちから》があるなら、一文一句《いちもんいっく》でも語っていきな

さい。

### 世界に広がる「御書」

大聖人の仏法を実践する人にとって、肝《きも》に銘《めい》じておかなければならない一節です。

牧口先生は、この「諸法実相抄《しょほうじっそうしょう》」（注10）の「行学《ぎょうがく》の二道《にどう》」が示された御書のページに、二重丸《にじゅうまる》を付けられていました。

戸田先生も、御書全集《ぜんしゅう》の「発刊《はっかん》の辞《じ》」で「創価学会は初代会長牧口常三郎《つねさぶろう》先生之《これ》を創設《そうせつ》して以来、此《こ》の金言《きんげん》を遵奉《じゅんぽう》して純真強盛《じゅんしんごうじょう》な信心に基《もと》づき、行学《ぎょうがく》の二道《にどう》を励むと共《とも》に如説《にょせつ》の折伏行《しゃくぶくぎょう》に邁進《まいしん》して来《き》たが、剣豪《けんごう》の修行《しゅぎょう》を思わせるが如《ごと》きその厳格《げんかく》なる鍛錬《たんれん》は、学会の伝統《でんとう》・名誉《めいよ》ある特徴《とくちょう》となっている」と、つづられています。

学会に、大聖人の峻厳《しゅんげん》なる精神が流れ通《かよ》ってきたのは、ひとえに「行学《ぎょうがく》の二《に》道《どう》」に邁進《まいしん》してきたからです。

「発刊《はっかん》の辞《じ》」は、こう締《し》めくくられます。

「この貴重《きちょう》なる大経典が全東洋《ぜんとうよう》へ、全世界へ、と流布して行く事をひたすら祈念《きねん》して止《や》まぬものである」

今、「御書」は十言語《げんご》以上に翻訳《ほんやく》され、世界百九十二カ国・地域のSGIの同志によって、真剣に学ばれています。大聖人の仏法の一閻浮提《いちえんぶだい》広宣流布を実際に進めているのが、SGIであることは、大聖人の御書を世界に流布せしめた一事《いちじ》でも明らかです。戸田先生が、どれほど喜《よろこ》ばれていることでしょう。

御書の翻訳《ほんやく》といっても、時代も違えば、文化や習慣《しゅうかん》も違います。〝大聖人のお心を伝えるために〟と真剣に祈り、御本仏《ごほんぶつ》の魂《たましい》に肉薄《にくはく》しながら、一閻浮提《いちえんぶだい》広宣流布、そして人類の未来のために、世界の各地で〝現代の鳩摩羅什《くまらじゅう》〟となって、翻訳に取り組んでくださっている方々のお陰《かげ》です。世界広布の扉《とびら》を開く尊《とうと》き献身《けんしん》に、深く感謝申《もう》し上《あ》げたい。

ともあれ御書は、全人類に贈《おく》られた希望の哲理の書です。全民衆を救《すく》わんとの大慈悲《だいじひ》にあふれ、正義《せいぎ》の師子吼《ししく》が轟《とどろ》いています。生命を蘇生《そせい》させ、勇気を鼓《こ》舞《ぶ》する力《ちから》がみなぎっているのです。

## 行学《ぎょうがく》の実践は仏法の魂《たましい》

「行学《ぎょうがく》たへなば仏法はあるべからず、我《われ》もいたし人をも教化《きょうけ》候《そうら》へ」です。自《じ》行化他《ぎょうけた》にわたる行学の実践こそ仏法の魂《たましい》です。

宗教とは、自分だけが信仰すればいいというものではありません。自分だけが覚《さと》り、あとの人のことは知らないという、自分勝手《かって》な仏などいない。仏の智《ち》慧《え》は、どこまでも全民衆を幸福に導《みちび》くためのものだからです。

牧口先生・戸田先生の獄中《ごくちゅう》での行学《ぎょうがく》の実践こそ、創価学会が大聖人直結《ちょっけつ》である、明確なる証《あかし》です。わが学会は、この御文の通りに永遠に「実践の教学《きょうがく》」の団体《だんたい》です。

## 生命変革の哲学

「行学《ぎょうがく》は信心よりをこるべく候《そうろう》、力《ちから》あらば一文一句《いちもんいっく》なりともかたら《談》せ給《たも》うべし」とも仰《おお》せです。「信」は、行学という具体的《ぐたいてき》な実践に現《あらわ》れます。「力《ちから》あらば」とは、力があるとか、ないとかなどではありません。「力の限り」という意味です。自《みずか》らの全力《ぜんりょく》を尽《つ》くすのです。

教学《きょうがく》が苦手《にがて》だからと、臆《おく》する必要もない。自分が御書を拝《はい》し感動したこと、仏法を実践して学んだことでよいのです。「信心は楽しい」「願《ねが》いは絶対に叶《かな》う信心です」等《とう》と、一言《ひとこと》でもいいから、語っていくことです。

戸田先生は語られました。

「学会の教学《きょうがく》では、御書を、身《しん》・口《く》・意《い》の三業《さんごう》（注11）をもって拝《はい》するのです。御文に『声仏事《こえぶつじ》を為《な》す』と仰《おお》せのように、仏法で学んだことは、どしど

御書を学ぶＳＧＩの友（アメリカ）

アフリカ 19 ヵ国で初の統一教学実力試験（コートジボワール）

し、口《くち》に出して話しなさい。そうすれば、やがて身につくものです」「講義《こうぎ》を受け、また、御書を拝《はい》して、ただ分かったというだけでは、理《り》である。いかに、その通りに信行《しんぎょう》に励んだかが大切であるということよりも変わることだ」

学会の伝統《でんとう》は、「師弟直結《ちょっけつ》の教学《きょうがく》」です。それは、大聖人の振《ふ》る舞《ま》いに学んで、師子王《ししおう》の心を取《と》り出《いだ》して、難《なん》を乗り越える「勝利の教学」であり、「信心を深めるための教学」です。

自《みずか》らが学んだ感動、歓喜《かんき》を、一人でも多くの人に語っていく「折伏《しゃくぶく》の教学《きょうがく》」であり、「広宣流布のための教学」です。

大聖人の御精神《ごせいしん》に触《ふ》れ、自身が妙法の当体《とうたい》であることを確信していく「生命変革のための教学《きょうがく》」であり、「人間革命の教学」です。

「行学《ぎょうがく》」は、「信」より起こり、また、「行」「学」の二道《にどう》の実践によって「信」が深まっていくのです。

これが「人間革命」即《そく》「広宣流布」のリズムです。

## 金剛不壊《こんごうふえ》の大車軸《だいしゃじく》

「行学《ぎょうがく》の二道《にどう》」の御文の直前《ちょくぜん》に、「一閻浮提第一《いちえんぶだい》の御本尊《ごほんぞん》を信《しん》じさせ給《たま》へ」（全一三六一ページ・新一七九三ページ）と仰《おお》せです。

「一閻浮提《いちえんぶだい》第一の御本尊《ごほんぞん》」と仰《おお》せなのは、大聖人が一切衆生《いっさいしゅじょう》の成仏《じょうぶつ》のために御図顕《ごずけん》された南無妙法蓮華経の御本尊のことです。学会は、この御本尊への絶対の信心を原動力として、世界広宣流布を推進《すいしん》してきました。

広宣流布大誓堂《だいせいどう》に御安置《ごあんち》されている学会常住《じょうじゅう》の御本尊は、戸田先生が、七十五万世帯《せたい》の願業《がんぎょう》を発表《はっぴょう》された時、創価前進の「金剛不壊《こんごうふえ》の大車軸《だいしゃじく》」として発願《ほつがん》されました。

学会は、金剛不壊《こんごうふえ》の大車軸《だいしゃじく》への絶対の「信」と一体《いったい》となった「行《ぎょう》」「学」の両輪《りょうりん》によって、日蓮大聖人に直結《ちょっけつ》した一閻浮提《いちえんぶだい》広宣流布の大前進を開始したのです。

御本仏《ごほんぶつ》日蓮大聖人の大願《だいがん》である「大法《だいほう》弘《ぐ》通《つう》慈《じ》折《しゃく》広宣流布」を、仏意《ぶつい》仏勅《ぶっちょく》の創価学会が断じて成就《じょうじゅ》していくのだ！　――こう誓願《せいがん》した通り、戸田先生の時代に七十五万世《せ》帯《たい》が達成され、弟子である私の代に世界百九十二カ国・地域へと妙法が弘《ひろ》まりました。

この師弟の大誓願《だいせいがん》に貫《つらぬ》かれた、我《われ》ら創価の「信・行・学」の行進《こうしん》に、行き詰《づ》まりなど絶対にありません。

## 人類の幸福の扉《とびら》を開け！

現当二世《げんとうにせ》（注12）の仏法です。

「信・行・学」は、自身の境涯《きょうがい》を大きく開くための根本の指針《ししん》です。

自身の運命《うんめい》を自《みずか》らの手で切り開き、永遠の幸福の軌道《きどう》を築《きず》く希望の方程式《ほうていしき》です。

ベートーベン（注13）は、聴力《ちょうりょく》を失《うしな》うという自身の運命《うんめい》に耐《た》えながら苦悩を突《つ》き抜《ぬ》けて、人類の歓喜の扉《とびら》を開《あ》け放《はな》ちました。

「自己《じこ》の芸術《げいじゅつ》を通《つう》じて『不幸な人類のため』『未来の人類のため』に働き、人類に善行《ぜんこう》を致《いた》し、人類に勇気を鼓舞《こぶ》し、その眠《ねむ》りを揺《ゆ》り覚《さ》まし、その卑怯《ひきょう》さを鞭打《むちう》つこと」こそ自身の義務《ぎむ》であると――。

我《われ》らの運命《うんめい》とは、誉《ほま》れの創価の同志として、地涌《じゆ》の菩薩《ぼさつ》の使命に生き抜くことです。人類の幸福を築《きず》く広宣流布に生き抜くことです。

さあ、「信・行・学」の弛《たゆ》みなき実践で、自身の宿命《しゅくめい》の鉄鎖《てっさ》を断ち切ろう！

我《われ》らの「信・行・学」の躍動《やくどう》で、世界に歓喜《かんき》を広げ、民衆の境涯《きょうがい》を高めていこう！

「信・行・学」の黄金律《おうごんりつ》で、永遠に勝ち栄《さか》えゆく創価の扉《とびら》を、さらに力強《ちからづよ》く開《あ》け放《はな》とうではないか！

## 〔注　解〕

（注1）【「死身弘法《ししんぐほう》」】「身を死して法を弘《ひろ》む」と読み下《くだ》す。章安大師《しょうあんだいし》の『涅槃経疏《ねはんぎょうしょ》』にある。教《きょう》法《ほう》流布の精神を示したもので、身を賭《と》して法を弘めることをいう。

（注2）【「佐渡御書《さどごしょ》」】文永《ぶんえい》九年（一二七二年）三月二十日、佐渡・塚原《つかはら》で御述作《ごじゅっさく》され、広く弟子檀那《だんな》のすべてに与えられた御書。前年《ぜんねん》の竜《たつ》の口《くち》の法難《ほうなん》、佐渡流罪《るざい》の渦中《かちゅう》にあって、弟子の疑念《ぎねん》をはらして信心を貫《つらぬ》くよう指導・激励《げきれい》されている。

（注3）【「上野殿後家尼御返事《うえのどのごけあまごへんじ》」】南条時光《なんじょうときみつ》の母に与えられた御消息《ごしょうそく》。後家尼《ごけあま》が亡夫《ぼうふ》・南条兵衛七郎《ひょうえのしちろう》の追善供養《ついぜんくよう》のため御供養《ごくよう》の品々《しなじな》を送ったのに際《さい》して即身成仏《そくしんじょうぶつ》の法門について述《の》べられている。

（注4）【竜女《りゅうにょ》】海中《かいちゅう》の竜宮《りゅうぐう》に住《す》む沙竭羅竜王《しゃかつらりゅうおう》の八歳の娘《むすめ》で蛇身《じゃしん》。法華経提婆達多品《だいばだったほん》第十二では、「我《われ》は大乗《だいじょう》の教えを闡《ひら》いて　苦《く》の衆生《しゅじょう》を度脱《どだつ》せん」（法華経四〇七ページ）と述《の》べ、即身成仏《そくしんじょうぶつ》の境涯《きょうがい》を現《あらわ》した。竜女の成仏は、一切《いっさい》の女人《にょにん》成仏の手本とされるとともに、即身成仏をも表現している。

（注5）【「即身成仏《そくしんじょうぶつ》」】歴劫修行《りゃっこうしゅぎょう》によらず凡夫《ぼんぷ》がその身のままで成仏すること。

（注6）【無明《むみょう》】本書六四ページ（注3）を参照。

（注7）【「従藍而青《じゅうらんにしょう》」】「青《あお》は藍《あい》より出《い》でて藍よりも青し」。植物《しょくぶつ》の藍の葉を使った藍染《あいぞ》めは、何回《なんかい》も重《かさ》ねて染《そ》めることによって、もとの藍よりも美《うつく》しい青色《あおいろ》に染まる。このことから、学問《がくもん》を探究《たんきゅう》することで深くなることを譬《たと》えた。もとは荀子《じゅんし》の言葉。

（注8）【絶対的幸福境涯《きょうがい》】どこにいても、何があっても、生きていること自体が幸福である、楽しいという境涯。戸田先生が成仏《じょうぶつ》の境涯を現代的《げんだいてき》に表現した言葉。外《そと》の条件に左右されることのない幸福境涯。

（注9）【四力《しりき》】妙法の四力。祈りをかなえ成仏《じょうぶつ》するための四つの要《かなめ》の力《ちから》。信力《しんりき》（信心による力）、行力《ぎょうりき》（実践による力）、仏力《ぶつりき》（仏がもつ力用《りきゆう》）、法力《ほうりき》（妙法に具《そな》わる広大深遠《こうだいしんえん》な力用）。

（注10）【「諸法実相抄《しょほうじっそうしょう》」】文永《ぶんえい》十年（一二七三年）五月、最蓮房《さいれんぼう》に与えられたとされる書。「諸法実相」についての質問に対し、仏法の甚深《じんじん》の義《ぎ》を説《と》かれている。弟子一門《いちもん》に対して大聖人と同意《どうい》ならば地涌《じゆ》の菩薩《ぼさつ》であるとされ、広宣流布は必ず達成できるとの確信を述《の》べられている。

（注11）【身《しん》・口《く》・意《い》の三業《さんごう》】身業《しんごう》・口業《くごう》・意業《いごう》の三つをいう。心で思う思慮分別《しりょふんべつ》が意業で、動《どう》作《さ》、振《ふ》る舞《ま》いが身業、言語《げんご》に表現されるのが口業となる。いずれも善悪両面《ぜんあくりょうめん》に通《つう》じる。

（注12）【現当二世《げんとうにせ》】「現」は現在世、「当」は当来世《とうらいせ》（未来世）のこと。過去世に対する語。

（注13）【ベートーベン】一七七〇年～一八二七年。ドイツの作曲家《さっきょくか》。ボンに生まれウィーンに移《い》住《じゅう》。古典《こてん》主義からロマン主義の移行期《いこうき》に活躍。耳が聞こえなくなるという苦難《くなん》をも乗り越えて、九つの交響曲《こうきょうきょく》をはじめ多くの名作《めいさく》を残し、楽聖《がくせい》と称《たた》えられる。引用は、『ベートーヴェンの生涯』（ロマン・ロラン著、片山敏彦訳、岩波書店）から。

# 御書を根本に

# 広布《こうふ》と人生の勝利の大道《だいどう》

「吹《ふ》けよ、吹けよ、絶《た》ゆることなく吹き鳴《な》らせ思想の喇叭《らっぱ》」――こう力強《ちからづよ》く歌い上げたのは、十九世紀フランスの文豪《ぶんごう》ビクトル・ユゴー（注1）でした。

彼は、代表作『レ・ミゼラブル』の中でも鋭《するど》く予見《よけん》していました。

「世界を導《みちび》いてゆくものは、機関車《きかんしゃ》ではなくて思想である」以来百五十年を経《へ》た二十一世紀の今も、世界を根底において動かし、導《みちび》いていくものは思想です。目覚《めざ》めた民衆の意志《いし》です。

技術《ぎじゅつ》革命よりも、政治革命よりも、さらに根本的な革命がある。それが思想革命であり、宗教革命です。そして、人間革命です。

ゆえに、恩師《おんし》・戸田城聖《じょうせい》先生は、広宣流布とは前代《ぜんだい》未聞《みもん》の「思想戦」であると深く洞察《どうさつ》されていました。そして戦後《せんご》の日本社会に、大いなる思想の旋風《せんぷう》を巻《ま》き起こすために創刊《そうかん》されたのが「大白蓮華」なのです。

## 言論戦《げんろんせん》の歴史を刻《きざ》んだ「大白蓮華」

「大白蓮華」第一号の発刊《はっかん》は、一九四九年（昭和二十四年）七月でした。

創刊《そうかん》の年、私は二十一歳でした。戸田先生の出版社《しゅっぱんしゃ》で少年雑誌《しょうねんざっし》の新任編集長《しんにんへんしゅうちょう》として奔走《ほんそう》する傍《かたわ》ら、「大白蓮華」創刊号の校正《こうせい》に関わったことは今も誇《ほこ》りです。「広宣流布の、先陣《せんじん》である『大白蓮華』の発展こそ、私達の真に願《ねが》うところである」と、当時の日記に綴《つづ》った真情《しんじょう》は、現在も、否《いな》、これからも変わりません。

この第一号に、恩師《おんし》は巻頭言《かんとうげん》「宗教革命」を執筆《しっぴつ》し、さらに獄中《ごくちゅう》で会得《えとく》された三世《さんぜ》永遠の生命観に基《もと》づく、画期的《かっきてき》な論文《ろんぶん》「生命論」を発表されました。読《どく》後《ご》、胸に込み上げる感動を一詩「若人《わこうど》に期《き》す」に込め、先生に捧《ささ》げたことを懐《なつ》かしく思い出します。

先生は第二号にも、巻頭言《かんとうげん》「人間革命」と論文《ろんぶん》「科学と宗教」を執筆《しっぴつ》。また、この号には、「これからの世界的宗教」と題する論文が載《の》っていました。筆者《ひっしゃ》はジョン・R・ブリンクリー（注2）。英国人《えいこくじん》の父、日本人の母を持ち、仏教学に造詣《ぞうけい》の深い学者でした。

## 創刊《そうかん》以来、世界宗教への道開く

彼は、仏教が人々への感化力《かんかりょく》を失《うしな》い、時代に置《お》き去《ざ》りになっている現状《げんじょう》を慨嘆《がいたん》し、「将来《しょうらい》の宗教たるべき素質《そしつ》をもつ仏教は、ここでどうしても一大改革《いちだいかいかく》をして出直《でなお》すべきであろう」と強く主張《しゅちょう》しております。さらに、目指《めざ》すべき仏教の理想社会は、万人《ばんにん》が「自他平等《じたびょうどう》、一如不二《いちにょふに》に成仏《じょうぶつ》する」思想に基《もと》づくことを指摘《してき》し、次のように結論しました。

「仏教を新たに、再生《さいせい》した未来の宗教は、現在の仏教、キリスト教をも一丸《いちがん》とした、より力強《ちからづよ》く、より新しく、躍動《やくどう》すべきものでありたい。仏教が、この自覚の上に、再出現し、再発展し得たときこそ、将来《しょうらい》の宗教の王座《おうざ》に直《なお》り、世界的なものになることは想像《そうぞう》に難《かた》くない」と。

この論文《ろんぶん》と同じページの片隅《かたすみ》に、一篇《いっぺん》の短《みじか》い詩《し》が載《の》っていました。「若人《わこうど》に期《き》す」――私が戸田先生にお贈《おく》りした詩でした。

「生命の本質を明証《めいしょう》し／宇宙の本源をあかした――／日蓮大聖人の大哲学にこそ／若人《わこうど》よ　わたしは身を投《とう》じよう」

「若人《わこうど》よ、眼《まなこ》を開け／若人こそ大哲学を受持《じゅじ》して／進む情熱と力《ちから》があるのだ」

ある意味でそれは、〝将来《しょうらい》の世界的宗教〟を翹望《ぎょうぼう》する論文《ろんぶん》に対し、一人の青年としての応答《おうとう》になっていたのかもしれません。

見給《みたま》え！　ここに、より力強《ちからづよ》く、より新しい、生き生きと躍動《やくどう》する大思想がある！　人間のための宗教がある！　と。

今、私どもＳＧＩは、「二十一世紀の世界宗教」として大いなる飛翔《ひしょう》を始めております。

師《し》が「広宣流布の大砲《たいほう》」と言われた「大白蓮華」が、偉大な思想の師子吼《ししく》を轟《とどろ》かせ、翻訳《ほんやく》もされて、国内外《こくないがい》の読者《どくしゃ》の皆さまと共《とも》に「太陽の仏法」の光彩《こうさい》を世界に広げていく時代に入ったことを確信してやみません。

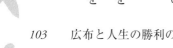

## 創価学会は教学《きょうがく》を基盤《きばん》とした団体《だんたい》

「御書根本」は、広宣流布という思想戦に進みゆく創価学会の生命線です。

牧口先生は、「無上《むじょう》最大の幸福」を目指《めざ》し、「最大の価値の生活法を証明されたのが仏教の極意《ごくい》」であり、「この最大価値の創造《そうぞう》を、現実の生活において、生活によって証明し、研究《けんきゅう》し、指導せんとするのが、創価教育学会の目的」であると、高らかに宣言されました（「価値創造」創刊《そうかん》の言葉から）。

戸田先生も「大白蓮華」創刊号《そうかんごう》の巻頭言《かんとうげん》において、「宗教とは『生活の法《ほう》則《そく》』であり、生活そのもののなかに存在しなければならない」と断言《だんげん》されています。すなわち信心とは、私たちの人生を価値あらしめる「生活法」であり、その「信心即《そく》生活」「生活即信心」の根幹が「御書根本」の実践なのです。

戸田先生は、「師子王《ししおう》の心」を持つ本物の信仰者をつくろうとされていました。

御書根本とは、御書をただ「聖典《せいてん》」として崇《あが》めることではありません。単《たん》なる論議《ろんぎ》講釈《こうしゃく》や、気休《きやす》めのためなどでも決《けっ》してない。釈尊《しゃくそん》は「法をよりどころとせよ」と教えました。私たちの生き方を根底で支《ささ》えるものが、正しき「法」です。御本尊を信受《しんじゅ》し、御書を血肉《けつにく》としていくのです。苦悩多き人生と決《けっ》別《べつ》し、勝利するための「生活法」なのです。

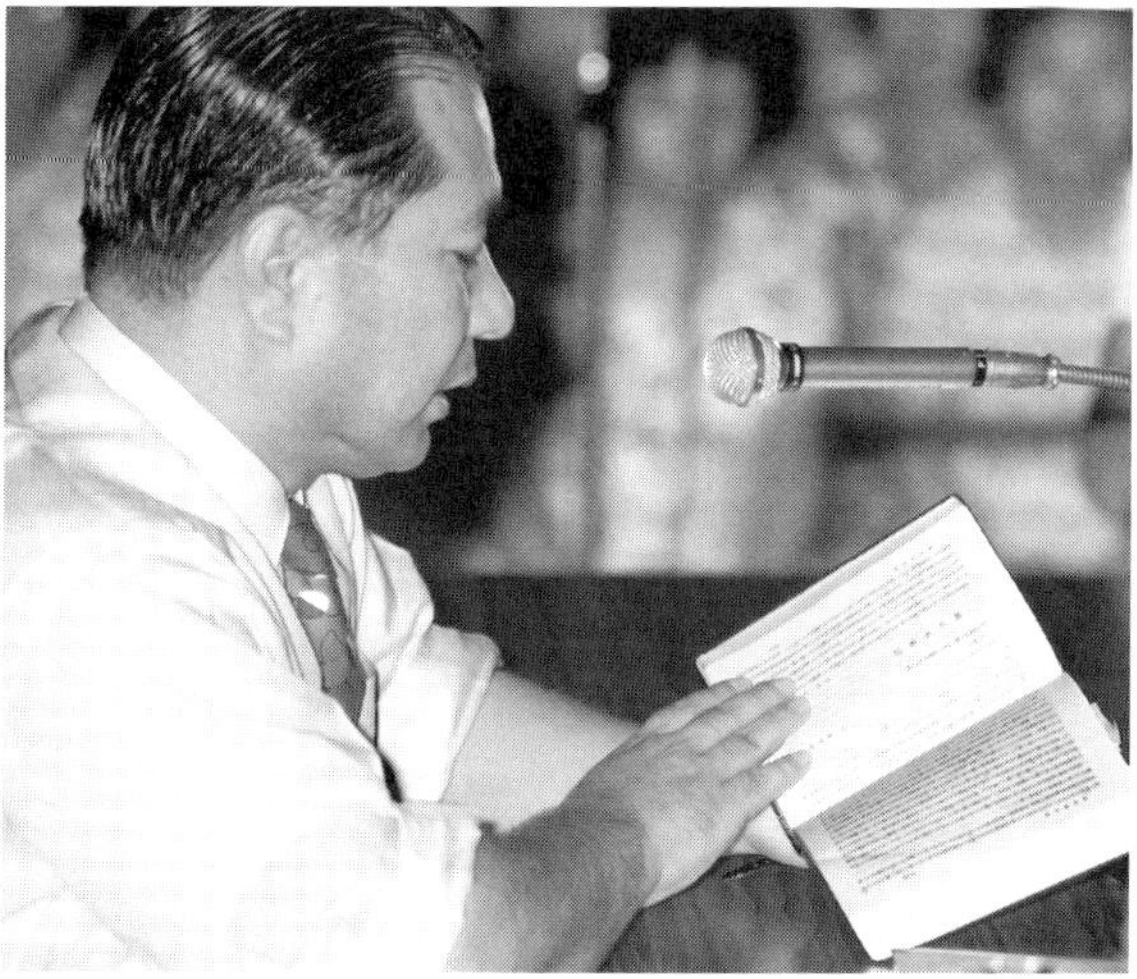
御書講義される池田先生

現実に、「冬は必ず春となる」(全一二五三ジペー・新一六九六ジペー)という一節を抱《だ》き締《し》め、厳《きび》しき人生の風雪《ふうせつ》を耐《た》え抜《ぬ》き、希望の春を勝ち開いてきた創価の父母たちが世界中にいます。御書を「生きる哲学」として拝《はい》し、行《ぎょう》じてきたのが、わが共戦《きょうせん》の同志です。地涌《じゆ》の勇者《ゆうしゃ》です。

「御書を心肝《しんかん》に染《そ》めよ」とは、日興上人《にっこうしょうにん》の峻厳《しゅんげん》な遺誡《ゆいかい》であります（注3）。私たちは御書を生命に刻《きざ》んで、疾風怒濤《しっぷうどとう》の人生と、広布の大闘争を、断固と勝ち切っていくのです。

創価の歴史にあって、「御書根本」の実践を貫《つらぬ》いて、関西の不二《ふに》の同志が大勝利を果《は》たしたのが、あの一九五六年（昭和三十一年）の「大阪の戦い」でした。

どうすれば、不可能を可能にできるか――私は祈りに祈り、思索《しさく》に思索を重《かさ》ねました。その中で、生命に刻《きざ》みつけた御文があります。

## 御義口伝《おんぎくでん》

### 御文

一念《いちねん》に億劫《おくごう》の辛労《しんろう》を尽《つく》せば本来《ほんらい》無作《むさ》の三身《さんじん》念念《ねんねん》に起《おこ》るなり所謂《いわゆる》南無妙法蓮華経は精進行《しょうじんぎょう》なり

（全七九〇ページ・新一〇九九ページ）

### 現代語訳

一念《いちねん》に億劫《おくごう》の辛労《しんろう》を尽《つ》くして、自行化他《じぎょうけた》にわたる実践に励んでいくなら、本来わが身に具《そな》わっている無作三身《むささんじん》という仏の生命が、瞬間瞬《しゅんかん》間に現《あらわ》れてくる。いわゆる南無妙法蓮華経は精進《しょうじん》の修行《しゅぎょう》である。

## 「御書根本」の勝利の伝統《でんとう》

従地涌出品第十五《じゅうじゆじゅっぽん》の偈文《げもん》「昼夜《ちゅうや》に常《つね》に精進《しょうじん》す　仏道《ぶつどう》を求《もと》めんが為《ため》の故《ゆえ》に」（法華経四六六㌻）についての「御義口伝《おんぎくでん》」（注４）です。

地涌《じゆ》の菩薩《ぼさつ》は、久遠《くおん》の昔《むかし》より、ただ仏道《ぶつどう》を求め究《きわ》めんと、昼夜《ちゅうや》を分《わ》かたず、ただ妙法一筋《ひとすじ》に精進《しょうじん》してきた。一瞬《いっしゅん》たりとも忽《ゆるが》せにしない、この一念《いちねん》に億劫《おくごう》の辛労《しんろう》を凝縮《ぎょうしゅく》する真剣勝負に、無作三身《むささんじん》、すなわち自身に本来具《そな》わる法身《ほっしん》（妙法そのもの）、報身《ほうしん》（智慧《ちえ》）、応身《おうじん》（慈悲《じひ》）という仏の生命が、滾々《こんこん》と現《あらわ》れると示されているのです。

仏法が真実ならば、師《し》と共《とも》に広宣流布に徹する一念《いちねん》には、必ず仏の力《ちから》が薫発《くんぱつ》される。私は真剣でした。必死《ひっし》でした。捨《す》て身《み》でした。

恩師《おんし》から託《たく》された大事な一戦《いっせん》に、「断じて負《ま》けるものか！」と不惜身命《ふしゃくしんみょう》で戦い進む中で、私が豁然《かつぜん》と思い至《いた》ったことは、「法華経とは将軍学《しょうぐんがく》なり」という一点でありました。

御聖訓《ごせいくん》には、「軍《いくさ》には大将軍《だいしょうぐん》を魂《たましい》とす」（全一二一九ジペー・新一六八八ジペー）、「城《しろ》の主《しゅ》剛《たけ》ければ守《まも》る者《もの》も強《つよ》し」（全九七九ジペー・新一三二〇ジペー）とあります。

広宣流布の指導者は、仏の軍勢《ぐんぜい》の大将軍《だいしょうぐん》であり、正義《せいぎ》の民衆城《みんしゅうじょう》の城主《じょうしゅ》であるはずです。そうであるならば、目先《めさき》の策《さく》や戦術《せんじゅつ》などに振《ふ》り回《まわ》されてはならない。私たちは、どこまでも強盛《ごうじょう》なる祈りで勇気と智慧《ちえ》を湧《わ》き出《いだ》すのです。常に御書を裏《うら》づけとし、自信満々《じしんまんまん》と進むのです。「法華経の将軍学」を正《ただ》しき羅針《らしん》盤《ばん》として、最高の作戦《さくせん》と行動で共戦《きょうせん》の宝友《ほうゆう》を牽引《けんいん》していくのです。

だからこそ、皆の地涌《じゆ》の底力《そこぢから》を結集《けっしゅう》して、競《きそ》い起《お》こる難《なん》を一つ、また一つ打《う》ち返《かえ》し、押《お》し返しながら、勝利の突破口《とっぱこう》を開いていくことができたと確信しています。

## 御書拝読《はいどく》から一日をスタート

私が本格的《ほんかくてき》に「大阪の戦い」の指揮《しき》を執《と》り始《はじ》めた当初《とうしょ》は、土日《どにち》中心の関西訪《ほう》問《もん》でした。やがて一週間《しゅうかん》、二週間と長期滞在《ちょうきたいざい》が増えていきました。その間、同志の戦いの大きな活力《かつりょく》となり原動力となったのが、「早朝講義《そうちょうこうぎ》」でした。

懐《なつ》かしき旧《きゅう》関西本部――音楽学校を改装《かいそう》して誕生《たんじょう》した待望《たいぼう》の法城《ほうじょう》でした。私は朝八時から、三階《がい》の六十五畳《じょう》の仏間《ぶつま》で「大法興隆所願成就《だいほうこうりゅうしょがんじょうじゅ》」とお認《したた》めの御本尊に、皆と呼吸《こきゅう》を合わせて勤行・唱題した後、必ず御書を拝《はい》して戦いをスタートしていったのです。

その御書根本の前進の中で、私たちが幾度《いくど》となく拝読《はいどく》し、確認し合った御文が、有名な「法華経兵法事《ほけきょうへいほうのこと》」（注5）でした。

## 四条金吾殿御返事《しじょうきんごどのごへんじ》

（全一一九二ジペー・新一六二三ジペー）

**御文**

なにの兵法《へいほう》よりも法華経の兵法をもちひ給《たも》うべし、「諸余怨《しょよおん》敵《てき》・皆悉摧滅《かいしつさいめつ》」の金言《きんげん》むなしかるべからず、兵法剣形《けんぎょう》の大事《だいじ》も此《こ》の妙法《みょうほう》より出《い》でたり、ふかく信心をとり給《たま》へ、あへて臆《おく》病《びょう》にては叶《かな》うべからず候《そうろう》

**現代語訳**

どのような兵法《へいほう》よりも法華経の兵法を用《もち》いていきなさい。法華経薬《やく》王品《おうほん》第二十三に「諸余《しょよ》の怨敵《おんてき》は、皆悉摧滅《みなざいめつ》せり」と説《と》かれる金言《きんげん》は決《けっ》

して空《むな》しいはずがない。兵法や剣形《けんぎょう》の大事も、この妙法から出たものである。このことを深く信じていきなさい。臆病《おくびょう》では決《けっ》して何事も叶《かな》わないのである。

## 異体同心《いたいどうしん》こそ勝利への要諦《ようてい》

何者かに命《いのち》を狙《ねら》われたが無事だったとの報告に対して、大聖人は、まず、四《し》条金吾《じょうきんご》の「前前《さきざき》の用心《ようじん》」「けなげ（勇気）」、そして強盛《ごうじょう》な「法華経の信心」を讃《たた》えます。そのうえで結論として示されたのが、「なにの兵法《へいほう》よりも法華経の兵法をもちひ給《たも》うべし」との御指導《ごしどう》でした。

信心が一切《いっさい》の根本です。「心こそ大切なれ」（全一一九二ジペー・新一六二三ジペー）です。濁世末法《じょくせまっぽう》に生き、乱《みだ》れた社会で戦うには、どこまでも信心から出た作戦《さくせん》、行動でなければなりません。

それは、〝ただ祈っていればいい〟などという観念論《かんねんろん》ではありません。信心しているからこそ、厳《きび》しき社会の戦場《せんじょう》にあって油断《ゆだん》なく勝たねばならない。勝つための「法華経の兵法《へいほう》」です。いうなれば私たちは、「絶対勝利の信心」を、日々の生活闘争と学会活動の中で学び磨《みが》いていったのです。

戦いが波《なみ》に乗ってきた頃、関西の地元《じもと》幹部と東京からの派遣《はけん》幹部との間に軋轢《あつれき》が生《しょう》じました。私は、即座《そくざ》に、何《なん》のための戦いなのか、その根本の目的を確認し、「異体同心《いたいどうしん》なれば万事《ばんじ》を成《じょう》じ同体異心《どうたいいしん》なれば諸事《しょじ》叶《かな》う事《こと》なし」（全一四六三ジペー・新二〇五四ジペー）の御文を拝《はい》しました。心のギアを合わせ、スクラムをもう一度、がっちりと組《く》み直《なお》して進撃《しんげき》したのです。

当時は、入会間《ま》もない人が多かった。しかし、自身の使命に目覚《めざ》め、喜々《きき》として戦うなかで、信心の体験をつかみ、その信心の確信は歓喜《かんき》の爆発《ばくはつ》を生み、広布拡大の波《なみ》が全関西に広がりました。貧困《ひんこん》と病苦《びょうく》にさいなまれ、幸福な人生など無縁《むえん》だと嘆《なげ》きの谷間《たにま》で呻吟《しんぎん》していた庶民《しょみん》が、社会建設の主役《しゅやく》として蘇《よみがえ》り、立ち上がっていったのです。

## 三障四魔《さんしょうしま》を破《やぶ》る地涌《じゆ》の歓喜《かんき》の行動

これに恐《おそ》れを抱《いだ》いたのが既成勢力《きせいせいりょく》でした。新たな民衆運動を小さな芽《め》のうちに摘《つ》み取《と》ろうと画策《かくさく》が始まったのです。数人《すうにん》の学会員が不当《ふとう》に逮捕《たいほ》され、取《と》り調《しら》べを受け、マスコミも騒《さわ》ぎ立《た》てました。衝撃《しょうげき》が走る中、私は「此《こ》の法華経を持《たも》つ者《もの》は難《なん》に遇《あ》わんと心得《こころえ》て持つなり」（全七四二ページ・新一〇三五ページ）、「必《かなら》ず三障《さんしょう》四魔《しま》と申《もう》す障《さわ》いできたれば賢者《けんじゃ》はよろこび愚者《ぐしゃ》は退《しりぞ》くこれなり」（全一〇九一ページ・新一四八八ページ）等《とう》の御文を拝《はい》し、三障四魔（注6）出来《しゅったい》の今こそ、賢者であるのか、愚者となるのかの分かれ道である。「この正しい仏法が、正しい信仰が、最後に必ず勝たないわけがない」と訴《うった》えました。

関西の同志たちは、広布の前進を阻《はば》む魔《ま》を魔と見破《みやぶ》り、「師子王《ししおう》の心」を一人ひとりが取《と》り出《いだ》し、電光石火《でんこうせっか》、勇《いさ》んで反撃《はんげき》に転《てん》じたのです。三類《さんるい》の強敵《ごうてき》（注

7）を打《う》ち破《やぶ》る、御書根本の勇気の対話、正義《せいぎ》の言論戦《げんろんせん》に、皆が恐《おそ》れなく打《う》って出ました。

そうして語り抜き、戦い抜いた五月、わが大阪支部が打《う》ち立《た》てたのが、「弘《ぐ》教《きょう》一万一千百十一世帯《せたい》」という不滅《ふめつ》の金字塔《きんじとう》です。この壁《かべ》を破《やぶ》る戦いは、兵庫はじめ全関西の同志が一体《いったい》となった異体同心《いたいどうしん》の勝利でありました。

日蓮仏法は「広宣流布の宗教」です。この学会の信心の中核《ちゅうかく》に脈打《みゃくう》っているものこそ、地涌《じゆ》の菩薩《ぼさつ》の自覚です。ゆえに、私は、いかに自分たちが使命深き尊極《そんごく》な存在であるのかを繰《く》り返《かえ》し確認しました。その中で引いた御書が「四信《ししん》五品抄《ごほんしょう》」（注8）です。

# 四《し》信《しん》五《ご》品《ほん》抄《しょう》

**御文**

（全三四二㌻・新二七〇㌻）

問《と》う汝《なんじ》が弟子《でし》一分《いちぶん》の解《げ》無《な》くして但一口《ただひとくち》に南無妙法蓮華経と称《しょう》する其《そ》の位《くらい》如何《いかん》、答《こた》う（中略）、請《こ》う国中《くにじゅう》の諸人《しょにん》我《わ》が末弟《まってい》等《ら》を軽《かろん》ずる事勿《ことなか》れ進《すす》んで過去《かこ》を尋《たず》ぬれば八十万億劫《まんのくこう》に供養《くよう》せし大菩薩《だいぼさつ》なり豈熈連一恒《あにきれんいちごう》の者《もの》に非《あら》ずや退《しりぞ》いて未来《みらい》を論《ろん》ずれば八十年の布施《ふせ》に超過《ちょうか》して五十の功徳《くどく》を備《そな》う可《べ》し天子《てんし》の襁褓《むつき》に纏《まとわ》れ大竜《だいりゅう》の始《はじ》めて生《しょう》ずるが如《ごと》し蔑如《べつじょ》すること勿《なか》れ蔑如すること勿《なか》れ

## 現代語訳

問《と》うて言うには、あなたの弟子は一分《いちぶん》の理解もなく、ただ一口《ひとくち》に南無妙法蓮華経と唱《とな》えるのみである。一体《いったい》、その仏道修行《ぶつどうしゅぎょう》での位《くらい》はどのようなものなのか。

答えて言う。(中略)、国中《くにじゅう》の人々に求めたい。私の弟子たちを軽《かろ》んじてはならない。

私の弟子たちは、その過去を尋《たず》ねれば八十万億劫《まんのくこう》という長期間《ちょうきかん》にわたり、仏を供養《くよう》した大菩薩《だいぼさつ》である。熈連河《きれんが》(アジタヴァティー河《がわ》)や恒河《ごうが》(ガンジス河)の砂《すな》の数ほどの仏のもとで修行《しゅぎょう》した衆生《しゅじょう》であることは間違いない。また未来を論じれば、八十年の間《あいだ》、一切衆生《いっさいしゅじょう》に無量《むりょう》の財宝《ざいほう》を供養する功徳《くどく》をはるかに超えて、五十展転《てんでん》の功徳を備《そな》えるのである。

私の弟子は、たとえば国王の子が、産着《うぶぎ》を着《つ》けているようなものであり、大竜《だいりゅう》の子が、初《はじ》めて生まれてきたようなものである。蔑《さげす》んではならない。蔑んではならない。

## 妙法を持《たも》つ者の位《くらい》は尊貴《そんき》

大難《だいなん》の獄中《ごくちゅう》で「われ地涌《じゆ》の菩薩《ぼさつ》なり」と自覚された戸田先生は、同じく妙法流布の使命に立った同志も皆、地涌の菩薩であると確信されていました。学会員が、仏法上どれほど大切な存在であるのか、この誇りある地位を皆に教えるために、繰《く》り返《かえ》し拝《はい》されたのが、この御聖訓《ごせいくん》でありました。

戸田先生が第二代会長に就任《しゅうにん》される直前《ちょくぜん》、私たち青年部に渾身《こんしん》の講義《こうぎ》をしてくださったのも、この「四信五品抄《ししんごほんしょう》」でした。

――今は貧《まず》しい姿《すがた》かもしれない。悩みだらけの生活かもしれない。何《なん》の位《い》階《かい》も栄誉《えいよ》もないかもしれない。しかし今、妙法を信受《しんじゅ》している事実からいえば、過去遠々劫《おんのんごう》に無数《むすう》の仏を供養《くよう》した大菩薩《だいぼさつ》であり、熙連河《きれんが》や恒河《ごうが》（注9）の砂《すな》の如《ごと》く無数の仏に縁《えん》して発心《ほっしん》してきた、宿縁深厚《しゅくえんじんこう》の者である――。戸田先生は、これを「進んでは地涌《じゆ》の菩薩《ぼさつ》です」と明言《めいげん》されました。

誓願《せいがん》の大菩薩《だいぼさつ》として、あえて末法《まっぽう》の時代に生まれ、現実世界に飛《と》び込《こ》み、自《じ》他共《たとも》の幸福を実現していく。あまりにも崇高《すうこう》であり、これほど尊貴《そんき》で福徳《ふくとく》に満《み》ちた存在はありません。

ゆえに大聖人は烈々《れつれつ》と師子吼《ししく》され、同じく戸田先生も訴《うった》えてやみませんでした。国中《くにじゅう》の人々よ、わが末弟子《まつでし》を「蔑如《べつじょ》すること勿《なか》れ」、絶対に軽《かろ》んじてはならない、と。

私は関西で、恩師《おんし》から学んだ通りに、我《われ》らは久遠《くおん》の誓《ちか》いに集《つど》った宿縁《しゅくえん》の盟友《めいゆう》であることを叫《さけ》び、友の生命の共鳴板《きょうめいばん》を乱打《らんだ》しました。

わが同志は「よっしゃ、やりまっせ！」と奮《ふる》い立《た》ち、いかなる悪戦苦闘《あくせんくとう》にも、「さあ、来《こ》い！」と立ち向かう勇気をみなぎらせ、もはや誰人《たれびと》も押《お》しとどめることのできない勢《いきお》いで「跳躍《ちょうやく》」していったのです。

そして険難《けんなん》の峰《みね》に挑《いど》み、胸突《むなつ》き八丁《はっちょう》ともいうべき難所《なんしょ》にさしかかった頃、わが同志と共《とも》に心に刻《きざ》んだ御文があります。それが「弥三郎殿御返事《やさぶろうどのごへんじ》」（注10）です。

# 弥《や》三郎《さぶろう》殿《どの》御《ご》返《へん》事《じ》

（全一四五一ページ・新二〇八五ページ）

**御文**

構《かま》へて構へて所領《しょりょう》を惜《お》しみ妻子《さいし》を顧《かえ》りみ又《また》人を憑《たの》みて・あやぶむ事《こと》無《な》かれ但偏《ただひとえ》に思い切るべし、今年《ことし》の世間《せけん》を鏡《かがみ》とせよ若《そこ》干《ばく》の人の死《し》ぬるに今まで生《い》きて有《あ》りつるは此《こ》の事にあはん為《ため》なりけり、此れこそ宇治川《うじがわ》を渡《わた》せし所《ところ》よ・是《これ》こそ勢多《せた》を渡せし所よ・名《な》を揚《あぐ》るか名をくだすかなり、人身《じんしん》は受《う》け難《がた》く法華経は信じ難《がた》しとは是なり

## 現代語訳

くれぐれも心して、領地《りょうち》を惜《お》しんだり、妻子《さいし》を顧《かえり》みたり、また人を頼みにして不安がってはならない。ただひとえに思い切りなさい。

今年の世間の様子を鏡《かがみ》としなさい。多くの人が死んだのに、自分が今まで生き永《なが》らえてきたのは、このこと（法華経ゆえの難《なん》）に遭《あ》い、それを乗り越えて成仏《じょうぶつ》するためであったのだ。

今この時こそ（戦いの要衝《ようしょう》として有名な）宇治川《うじがわ》を渡《わた》す所だ、今この時こそ、瀬田川《せたがわ》を渡す所だと思いなさい。名を挙《あ》げるか名を下《くだ》すかの勝負所である。人間として生《せい》を受けることは難《むずか》しく、しかもそれゆえに、法華経を信ずることは難しいと言われるのは、まさにこのことなのである。

## 「此《こ》の事《こと》にあはん為《ため》」との決意

在家《ざいけ》の門下《もんか》である弥三郎《やさぶろう》が何《なん》らかの事情《じじょう》で念仏僧《ねんぶつそう》と法論《ほうろん》することになり、大聖人が、このように堂々《どうどう》と言い切りなさいと、詳細《しょうさい》に指導されたお手紙です。私たちが拝《はい》したのは、その締《し》め括《くく》り近くの御文になります。

ここで大聖人は、「思い切れ」と仰《おお》せです。同じ戦うのなら、「断じて勝つ」と腹《はら》を決めて戦い切るのです。人は敵《てき》と戦う前に、己心《こしん》の弱さに負《ま》ける。何よりもまず、その心中《しんちゅう》の賊《ぞく》に勝たねばならない。ともに勇気と蛮勇《ばんゆう》は違う。現実と真正面《ましょうめん》から向き合うところに真の勇気があります。そこから今、何を為《な》すべきか、明瞭《めいりょう》に見えてくるのです。

宇治川《うじがわ》も瀬田川《せたがわ》も、「源平合戦《げんぺいかっせん》」「承久《じょうきゅう》の乱《らん》」など、古来《こらい》、激しい攻防戦《こうぼうせん》を繰《く》り広げた、歴史に名高《なだか》い戦場《せんじょう》です。ここで競《せ》り勝つか、後《おく》れを取るか、勝負を決《けっ》せんと、勇者《ゆうしゃ》たちは必死《ひっし》でした。同じく、広宣流布の戦いにあっても、「ここが勝負」という急所《きゅうしょ》がある。

「今《いま》まで生《い》きて有《あ》りつるは此《こ》の事《こと》にあはん為《ため》なりけり」の一節を共《とも》に拝《はい》した時、今までの労苦《ろうく》は全《すべ》て、ここを勝ち切るためだったのだと、関西家族の心は燃え上がりました。

人生を懸《か》けて悔《く》いなき一戦《いっせん》に巡《めぐ》り合《あ》うことは幸福です。個人《こじん》個人にあっても、日々の人生の戦いがあります。自身の人間革命の戦いと、広宣流布の戦いは決《けっ》して別々ではない。

同志と共《とも》に、学会と共に、法のため、社会のため、私たちは大切な生命の時間を使い、その一つ一つを断固と勝ち切っていくのです。それが自他共《じたとも》に揺《ゆ》るぎない幸福の境涯《きょうがい》を開きながら、人類の平和を築《きず》く立正安国《りっしょうあんこく》の建設に生きることになるのです。

私と関西の同志は、苦楽《くらく》を共《とも》にし戦い切った決勝点《けっしょうてん》で、「〝まさか〟が実現」と、世間を驚嘆《きょうたん》させた民衆勝利の歴史を開きました。

御書の翻訳・出版は、英語、中国語、スペイン語、韓国語、フランス語、ドイツ語、イタリア語、ポルトガル語、オランダ語、デンマーク語などに及ぶ

それは同時に、一人ひとりがわが人生において「〃まさか〃が実現」の人間革命の勝利劇《げき》を飾《かざ》りゆく原点《げんてん》となったのです。

師弟共戦《きょうせん》の民衆の力《ちから》は偉大なりと、満天下《まんてんか》に示すことができました。

この「常勝《じょうしょう》関西」の源流《げんりゅう》の精神は、今や、「カンサイ・スピリット（関西魂《だましい》）」「ジョウショウ・スピリット（常勝魂）」として、世界広宣流布の拡大に進む同志の胸中《きょうちゅう》にも受《う》け継《つ》がれています。

## 絶対勝利の師子吼《ししく》の大前進を

御書根本——それは、絶対勝利の「法華経の兵法《へいほう》」です。日蓮大聖人の師子《しし》吼《く》を生命に響《ひび》かせて戦う、師弟不二《ふに》の大道《だいどう》です。

御書根本の人が世界に増えていくことが、仏法の人間主義の実質的な広がりです。

仏法を持《たも》った民衆一人ひとりが、自《みずか》らの人生を懸《か》けて、生命の無限の可能性を証明していくのです。「私は勝った」「偉大な使命に生き抜いた」という旗《はた》を打《う》ち立《た》てていくのです。

その人間の勝鬨《かちどき》が日本中、世界中のあの地この地で轟《とどろ》き、地球規模《きぼ》で広がり始めました。さあ、私たちが希望の世紀の夜明《よあ》けを開くのです。誇りも高く創価の思想を掲《かか》げて！

[注解]

(注1)【ビクトル・ユゴー】一八〇二年～八五年。フランスの詩人《しじん》、小説家《しょうせつか》、劇作家《げきさっか》。ロマン主義運動の中心的存在として活躍した。ナポレオン三世のクーデターに反対し、十九年間の亡命《ぼうめい》生活を送る。作品に『レ・ミゼラブル』『九十三年』ほか多数《たすう》。冒頭《ぼうとう》の引用は、『世界文豪読本全集　ユウゴオ篇』（井汲清治訳、第一書房）から。また、次の引用は、『レ・ミゼラブル』（豊島与志雄訳、岩波書店）から。

(注2)【ジョン・R・ブリンクリー】一八八七年～一九六四年。英国の仏教研究者。東京に生まれ、英独仏に留学後《りゅうがくご》、戦前《せんぜん》・戦後《せんご》を通《つう》じて日本の大学で教鞭《きょうべん》を執《と》った。

(注3)「日興遺誡置文《にっこうゆいかいおきぶみ》」に「当門流《とうもんりゅう》に於《おい》ては御書《ごしょ》を心肝《しんかん》に染《そ》め極理《ごくり》を師伝《しでん》して若《も》し間有《ひまあ》らば台家《たいけ》を聞《き》く可《べ》き事《こと》」（全一六一八ページ・新二二九六ページ）と説《と》かれている。

(注4)【御義口伝《おんぎくでん》】本書三七ページ（注8）を参照。

(注5)【「法華経兵法事《ほけきょうへいほうのこと》」】「四条金吾殿御返事《しじょうきんごどののごへんじ》」（全一一九二ページ・新一六二二ページ）の別名。弘安《こうあん》二年（一二七九年）十月、四条金吾が敵《てき》に襲《おそ》われて無事だったことを報告したことに対する御《ご》返事《へんじ》。

（注6）【三障四魔《さんしょうしま》】仏道修行《ぶつどうしゅぎょう》を妨《さまた》げる三つの障《さわ》りと四つの魔《ま》のこと。三障とは煩悩障《ぼんのうしょう》・業障《ごうしょう》・報障《ほうしょう》をいい、四魔とは陰魔《おんま》・煩悩魔・死魔《しま》・天子魔《てんしま》をいう。

（注7）【三類の強敵《さんるいのごうてき》】釈尊滅後《しゃくそんめつご》の悪世《あくせ》で法華経を弘通《ぐつう》する人を迫害《はくがい》する三種類の強敵。①俗衆増上慢《ぞくしゅぞうじょうまん》（在家《ざいけ》の迫害者《はくがいしゃ》）②道門《どうもん》増上慢（出家《しゅっけ》の迫害者）③僭聖《せんしょう》増上慢（迫害の元凶《げんきょう》となる高僧《こうそう》）。

（注8）【「四信五品抄《ししんごほんしょう》」】建治《けんじ》三年（一二七七年）四月、身延《みのぶ》において著《あらわ》され、富木常忍《ときじょうにん》に与えられた書。十大部《じゅうだいぶ》の一つ。法門についての質問に対し、法華経分別功徳品《ふんべつくどくほん》第十七に説《と》かれている現在の四信と滅後《めつご》の五品《ごほん》を通して、南無妙法蓮華経と唱えることが成仏《じょうぶつ》の直道《じきどう》であることなどが述《の》べられている。

（注9）【熈連河《きれんが》・恒河《ごうが》】ともにインドの河《かわ》の名。熈連は中インドのクシナガラ国を流れる河で、アジタヴァティー河のこと。恒河はガンジス河のこと。

（注10）【「弥三郎殿御返事《やさぶろうどのごへんじ》」】建治《けんじ》三年（一二七七年）八月の御消息《ごしょうそく》。念仏《ねんぶつ》の論難《ろんなん》に臨《のぞ》む門下《もんか》からの質問に対する返書《へんしょ》で、法難《ほうなん》に際《さい》しての信心のあり方を指導されている。弥三郎については詳細《しょうさい》は不明《ふめい》。

# 共戦《きょうせん》の師子吼《ししく》をわが胸に！

「人の生涯はその思想のいかんによって決定される」とは、私が若き日に愛《あい》読《どく》したロシアの大文豪《だいぶんごう》トルストイ（注1）の洞察《どうさつ》です。

「大樹《たいじゅ》も一粒《ひとつぶ》の種子《しゅし》から成長する」ように、思想は「個々人《ここじん》および数百万人の人の活動」を左右《さゆう》するほど巨大《きょだい》な力《ちから》を持つ。しかも「われわれの思想のいかんによって、われわれの生活はよくも悪《わる》くもなる」と、トルストイは言います。ならば、いかなる思想を根本に生きるのか——この一点を忽《ゆるが》せにすることなど、絶対にできません。

私たちの身に当てはめれば、正しき法を根本に生きることです。最高峰《さいこうほう》の仏法を「自身の生き方」の根底に置《お》いて、わが人生を勝ち切っていく。「行学《ぎょうがく》の二道《にどう》」を両輪《りょうりん》とし、強盛《ごうじょう》な信心で戦い進むのです。学会はどこまでも「実践の教学《きょうがく》」です。「御書根本の信心」こそ「創価学会の信心」なのです。

## 御書は希望と勇気と勝利の源泉《げんせん》

一九五一年（昭和二十六年）五月、わが恩師《おんし》・戸田城聖《じょうせい》先生が第二代会長に就《しゅう》任《にん》し、広宣流布の大前進の指揮《しき》を開始された時、私は直弟子《じきでし》として、率先垂範《そっせんすいはん》の決意を綴《つづ》りました。

「正法を、深く、汝自身《なんじ》が理解することだ。

正法を、広く、汝自身が広めゆくことだ。

正法を、強く、汝自身が生活に生かすことだ。

正法を、高く、汝自身が宣揚《せんよう》しゆくことだ。

正法を、清《きよ》く、汝自身が生命の奥底《おうてい》に流しゆくことだ」

戸田先生から「佐渡《さど》御書」の講義《こうぎ》を受けた直後の日記です。

幸《さいわ》いにも私は、数《かぞ》え切《き》れないほど、先生の講義《こうぎ》を受けることができました。

一回一回、一言《ひとこと》も聞き逃《のが》すまいと命《いのち》に刻《きざ》みつけました。幾度《いくど》となく師《し》の渾身《こんしん》の講義に心を揺《ゆ》さぶられ、仏法の深恩《じんおん》に胸打《う》たれました。

講義《こうぎ》を聴《き》くことは、即《そく》、自己研鑽《じこけんさん》の出発です。深夜《しんや》、帰宅《きたく》すると、疲《つか》れた体《からだ》に鞭打《むちう》ち、御書を拝《はい》しました。御書を一ページでも繙《ひもと》けば、胸中《きょうちゅう》に希望の光《ひかり》が差《さ》します。戦う勇気が湧《わ》きます。明日《あす》の勝利へ力《ちから》が漲《みなぎ》ります。感動した御文は日記に書き留《とど》めました。さらに親《した》しい先輩《せんぱい》や同志と、戦いの中で御書の読み合わせも重《かさ》ねました。

偉大な師《し》から御書講義《こうぎ》で薫陶《くんとう》を受けた弟子として、私自身、毎回の御書講義を真剣勝負で取り組み、御書を根本として指導激励《げきれい》に当たってきました。国内はもとより海外指導の折《おり》も、常に必ず御書を拝《はい》して、仏法の人間主義を語り伝えてきました。今も御書講義を続けています。御書根本で「世界広布新時代」を切り開いているのです。

## 「結成《けっせい》の月」七月に東北で御書講義《こうぎ》

「青年の月」七月は、「師弟勝利の月」でもあります。恩師《おんし》の会長就任《しゅうにん》から二カ月後、後継《こうけい》の使命深き男女青年部が誕生《たんじょう》した月であるからです。

一切《いっさい》は弟子で決まる――私は、その不二《ふに》の決意に燃えて、七月十一日の男子部結成《けっせい》、十九日の女子部結成という新生《しんせい》の息吹《いぶき》の中で、東北・宮城の地に初《はじ》めて立ちました。数人《すうにん》の先輩《せんぱい》幹部と共《とも》に派遣《はけん》されたのです。

この時、御書講義《こうぎ》も担当《たんとう》し、東北《とうほく》の同志と共《とも》に拝《はい》したのは、「日厳尼御前御《にちごんあまごぜんご》返事《へんじ》」（注2）と「佐渡御書《さど》」（注3）でした。

当時、私は男子部の班長《はんちょう》で、「講義部《こうぎぶ》」の部員《ぶいん》でもありました。資格《しかく》は助師《じょし》です。講義部員は、教授《きょうじゅ》、助教授《じょきょうじゅ》、講師《こうし》、助師《じょし》を合《あ》わせて二十四人でした。

この講義部《こうぎぶ》の名称《めいしょう》が変更《へんこう》され、九月一日付で新発足《しんほっそく》したのが「教学部《きょうがくぶ》」です。そして、地区や支部を単位《たんい》として、講義部員が諸御抄《しょごしょう》の講義を行《おこな》うことが決定《けってい》されました。

私たち講義部員《こうぎぶいん》に対《たい》しては、戸田先生が直々《じきじき》に厳《きび》しく訓練《くんれん》してくださいました。

「威張《いば》ってはいけない。大聖人の仏法の講義《こうぎ》をさせていただけること、そして皆が講義を聴《き》いてくれることに感謝しなさい」

さらに、「戸田の名代《みょうだい》として、堂々《どうどう》と行《おこな》ってきなさい」と、峻厳《しゅんげん》な師弟共戦《きょうせん》の御書講義《こうぎ》であることを教えられたのです。

## “わが愛する埼玉”での川越講義《かわごえこうぎ》

「教学部《きょうがくぶ》」講義部員《こうぎぶいん》として最初に担当《たんとう》した地区――それが、わが愛する埼玉を中心とする志木《しき》支部の川越《かわごえ》地区でした。

九月二十五日の講義《こうぎ》を第一回として、以来、足かけ三年、懸命《けんめい》に通《かよ》いました。仕事《しごと》を終えると職場《しょくば》を飛《と》び出《だ》し、池袋《いけぶくろ》から東武東上線《とうぶとうじょうせん》に乗り、和光《わこう》、朝霞《あさ》《か》、新座《にいざ》、志木《しき》、富士見《ふじみ》、ふじみ野《の》……と埼玉の街々《まちまち》を走り、川越《かわごえ》へ向かいました。私の地区講義は、十回ほどだったと記憶《きおく》しています。

皆で研鑽《けんさん》したのは、聖人御難事《しょうにんごなんじ》、如説修行抄《にょせつしゅぎょうしょう》、生死一大事血脈抄《しょうじいちだいじけつみゃくしょう》、日女御前《にちにょごぜん》御返事《ごへんじ》、寺泊《てらどまり》御書など、十数編《じゅうすうへん》を数《かぞ》えました。

御書講義《こうぎ》の修了証書《しゅうりょうしょうしょ》は、「創価学会会長　戸田城聖《じょうせい》」のお名前と押印《おういん》があるもので、講義課目《かもく》の拝読《はいどく》御書、講師《こうし》、講座《こうざ》を行《おこな》った支部・地区の名などが記《しる》され、毎回、一人ひとりの受講者《じゅこうしゃ》に授与《じゅよ》されたのです。この証書を見るだけでも、戸田先生がいかに厳格《げんかく》に「御書講義」を重視《じゅうし》されていたか、よくわかります。

ここでは、埼玉の〝川越講義《かわごえこうぎ》〟で拝《はい》し、信心錬磨《れんま》と広布開拓《かいたく》の原動力とした御抄《ごしょう》から、東北の同志とも共《とも》に拝した「日厳尼御前御返事《にちごんあまごぜんごへんじ》」「佐渡《さど》御書」の二編《へん》を学びたいと思います。

# 日《にち》厳《ごん》尼《あま》御《ご》前《ぜん》御《ご》返《へん》事《じ》

（全一二六二ページ・新二一三五ページ）

**御文**

弘安《こうあん》三年十一月八日、尼日厳《あまにちごん》の立《た》て申《もう》す立願《りゅうがん》の願書《がんしょ》並《なら》びに御布施《おんふせ》の銭一貫文《ぜにいっかんもん》又《また》たふかたびら《太布帷子》一《ひと》つ法華経の御宝前《ごほうぜん》並びに日月天《にちがってん》に申《もう》し上《あ》げ候《そうら》い畢《おわ》んぬ、其《そ》の上《うえ》は私《わたくし》に計《はか》り申《もう》すに及《およ》ばず候《そうろう》叶《かな》ひ叶《かな》はぬは御信心《ごしんじん》により候《そうろう》べし全《まった》く日蓮がとがにあらず、水《みず》すめば月《つき》うつる風《かぜ》ふけば木ゆるぐごとく・みなの御心《みこころ》は水のごとし信《しん》のよはき《弱》はにごる《濁》がごとし、信心の・いさぎよきはすめる《澄》がごとし、木は道理《どうり》のごとし・風のゆるがすは経文《きょうもん》をよむがごとしと・をぼしめせ

## 現代語訳

弘安《こうあん》三年十一月八日、日厳尼《にちごんあま》が立てられた立願《りゅうがん》の願書《がんしょ》、並《なら》びに御供《ごく》養《よう》の銭一貫文《ぜにいっかんもん》、また太布《たふ》で仕立《した》てられた単衣《ひとえ》を一つ、法華経の御宝前《ごほうぜん》にお供《そな》えし、日月天《にちがってん》にも、その旨《むね》を申《もう》し上《あ》げておきました。

その上は、自分勝手《かって》に御本尊の功徳《くどく》を推《お》し量《はか》ってはいけません。願《ねが》いが叶《かな》うか、叶わないかは、御信心によるのです。全《まった》く日蓮の失《とが》ではありません。

例《たと》えば、水が澄《す》めば月はきれいに映《うつ》り、風《かぜ》が吹《ふ》けば木の枝《えだ》が揺《ゆ》れるように、人の心は水のようなものです。信心が弱いのは、水が濁《にご》っているようなものです。

信心が潔《いさぎよ》いのは水が澄《す》んでいるようなものです。木は仏法の道理《どうり》のようなものであり、風がその木を揺《ゆ》り動《うご》かすのは、ちょうど修行《しゅぎょう》をして経文を読むようなものであると心得《こころえ》ていきなさい。

「全《まった》く日蓮がとがにあらず」

日厳尼《にちごんあま》は、強盛《ごうじょう》な信心を貫《つらぬ》いていた女性門下《もんか》です。その日厳尼から大聖人の御《おん》もとへ、御供養《ごくよう》を添《そ》えて「立願《りゅうがん》の願書《がんしょ》」が届《とど》けられました。何か改《あらた》まった願《ねが》い事《ごと》があり、願書に認《したた》めて、大聖人にお送りしたのでしょう。

大聖人は、その願書《がんしょ》を御本尊に供《そな》えて祈念《きねん》した旨《むね》を伝《つた》えられ、こう仰《おお》せです。

「叶《かな》ひ叶はぬは御信心《ごしんじん》により候《そうろう》べし全《まった》く日蓮がとがにあらず」

信心の心構《こころがま》え、祈りの根本姿勢《しせい》を正《ただ》された、実に重要な御指導です。

御本尊には、無量無辺《むりょうむへん》の仏力《ぶつりき》、法力《ほうりき》が厳然《げんぜん》と具《そな》わっている。しかし妙法という大宇宙を貫《つらぬ》く大法則《だいほうそく》の力《ちから》を、現実の上に顕現《けんげん》し、実証し、自《みずか》ら体得《たいとく》していくには、自分自身の信心――信力《しんりき》、行力《ぎょうりき》によるほかにはない。

日蓮仏法の信仰は、いわゆる「おすがり信仰」や「他力本願《たりきほんがん》」ではありません。妙法の信心は、己心《こしん》に具《そな》わる仏界《ぶっかい》の生命を顕現《けんげん》させるのであり、外《そと》から働きかけてくるものではありません。「己心の外《ほか》に法《ほう》ありと思はば全《まった》く妙法にあらず」(全三八三ページ・新三一六ページ)です。一切《いっさい》は、自《みずか》らの信心がどうかで決まります。「心こそ大切」(全一一九二ページ・新一六二三ページ)です。それゆえに、自分自身が「一人立つ」信心でなければなりません。

「但《ただ》し御信心《ごしんじん》によるべし、つるぎ《剣》なんども・すすまざる《不進》人《ひと》のためには用《もちい》る事《こと》なし、法華経の剣《つるぎ》は信心のけなげ《勇》なる人こそ用る事なれ鬼《おに》に・かなぼう《鉄棒》たるべし」(全一一二四ページ・新一六三三ページ)と、教えられている通りです。どこまでも、自《みずか》ら勇気ある信心に立つことが、すべての根幹です。

## 一切《いっさい》は祈りから始まる

本抄《ほんしょう》で大聖人は、御本尊の大功力《だいくりき》を「月」に譬《たと》え、その月影《つきかげ》が映《うつ》らぬ「濁《にご》った水」を「信の弱き」に、反対に、鮮《あざ》やかに月影を映す「澄《す》んだ水」を「信心の潔《いさぎよ》き」に譬《たと》えられています。また「木」は仏法の道理を譬《たと》え、その「木」を揺《ゆ》り動かす「風」が、「経文を読む」という実践です。御本尊に自行化他《じぎょうけた》の題目を唱え、御書根本に戦うならば、「教主釈尊《きょうしゅしゃくそん》をうごかし奉《たてまつ》れば・ゆるがぬ草《そう》木《もく》やあるべき」（全一一八七ジペー・新一六一〇ジペー）と仰《おお》せの如《ごと》く、願《ねが》った通りに功徳《くどく》爛漫《らんまん》の勝利の人生を開いていけるのです。

「一切《いっさい》は祈りから始まる」――いつ、いかなる時も、私たちは、強盛《ごうじょう》な祈り、潔《いさぎよ》い信心、誓願《せいがん》の題目で、生き生きと出発していきたい。ここが「絶対勝利の信心」の要諦《ようてい》です。

## 各地に戦う人材《じんざい》の連帯を築《きず》く

一九五三年（昭和二十八年）二月、通《かよ》い続けた〝川越講義《かわごえこうぎ》〟は区切《くぎ》りを迎《むか》えました。

最後の講義《こうぎ》を終え、私は日記に綴《つづ》りました。

「受講者《じゅこうしゃ》、約五十名。次第に、人材《じんざい》、人物《じんぶつ》が、輩出《はいしゅつ》して来た様子」と。

御書の研鑽《けんさん》から人材《じんざい》が生まれます。人材が磨《みが》かれます。人材が鍛《きた》えられます。

御書には、大聖人が「法華経の行者《ぎょうじゃ》」として戦い抜かれた大生命が脈打《みゃくう》っている。御書を講義《こうぎ》する側《がわ》も、講義を受ける側も、大聖人の師子王《ししおう》の生命に触《ふ》れるのです。したがって自身の境涯《きょうがい》が大きく開かれることは間違いありません。

だからこそ学会は、御書講義《こうぎ》を広宣流布の人材育成《じんざいいくせい》の重要《じゅうよう》な道場《どうじょう》としてきたのです。

〝川越講義《かわごえこうぎ》〟においても、多くの新しい人材《じんざい》が「すごい仏法である」「目の覚《さ》める思いだ」「勇気が湧《わ》いてくる」等々《とうとう》、確信を深めて立ち上がっていったのです。

なお、この〝川越講義《かわごえこうぎ》〟の最終盤《さいしゅうばん》に、私は鶴見《つるみ》支部の地区講義にも通《かよ》い始め、しばらく後《のち》には、並行《へいこう》して文京《ぶんきょう》支部の地区講義も担当《たんとう》しました。さらに男子部の第一部隊長《ぶたいちょう》として、若《わか》き精鋭《せいえい》たちへの講義も行《おこな》うようになりました。埼玉に続き、神奈川にも、東京にも、そして青年部にも、御書根本で戦う人材《じんざい》の連帯を広げていったのです。

あの「大阪の戦い」において、早朝講義《そうちょうこうぎ》を一切《いっさい》の活動の回転軸《かいてんじく》として勝利できたことも、この地道《じみち》な積《つ》み重《かさ》ねがあればこそでした。

## 佐渡《さど》御書――再びの共戦《きょうせん》の呼《よ》び掛《か》け

「佐渡《さど》御書」は、〝川越講義《かわごえこうぎ》〟の第一回と最終回《さいしゅうかい》の二度にわたって研鑽《けんさん》しています。

師弟共《とも》に大難《だいなん》の嵐《あらし》の中、大聖人が「一一《いちいち》に見《み》させ給《たも》うべき人人《ひとびと》の御中《おんちゅう》へ」（全九五六ジ《ペー》・新一二八四ジ《ペー》）、「一人《いちにん》ももるれば恨《うらみ》ありぬべし」（全九六一ジ《ペー》・新一二九一ジ《ペー》）と、志《こころざし》のある門下《もんか》一人ひとりへ送られた「師子王《ししおう》の御書」です。

私自身、恩師《おんし》と共《とも》に苦境《くきょう》を乗り越えて新たな前進を始める中、本抄《ほんしょう》の一節一節を深くわが精神の力《ちから》としました。この師弟の魂《たましい》を、何《なん》としても埼玉の同志にも伝えたい！　その思いで、一生懸命《いっしょうけんめい》に講義《こうぎ》しました。

文永《ぶんえい》八年（一二七一年）、大聖人は竜《たつ》の口《くち》の法難《ほうなん》で頸《くび》の座《ざ》に据《す》えられ、引き続いて佐渡《さど》に配流《はいる》されました。

当時、大難《だいなん》が起きたことで多くの弟子が退転《たいてん》してしまった。否《いな》、折伏行《しゃくぶくぎょう》に邁《まい》進《しん》される師匠を批判《ひはん》する輩《やから》さえ出た。

大聖人は、この弟子たちの心に巣《す》くう不信《ふしん》と臆病《おくびょう》の闇《やみ》を打《う》ち払《はら》われました。いかなる強敵《ごうてき》にも迫害《はくがい》にも屈《くっ》しない、「師子王《ししおう》の心」で結ばれた真実の師弟の絆《きずな》を築《きず》かれ、再びの共戦《きょうせん》の戦いを峻厳《しゅんげん》に呼《よ》び掛《か》けられたのです。

「佐渡《さど》御書」を繙《ひもと》くたび、そうした厳愛《げんあい》のお心が拝《はい》されてなりません。

# 佐《さ》渡《ど》御《ご》書《しょ》

**御文**

（全九五七ページ・新一二八五ページ）

畜生《ちくしょう》の心は弱《よわ》きをおどし強《つよ》きをおそる当世《とうせい》の学者等《がくしゃら》は畜生の如《ごと》し智者《ちしゃ》の弱きをあなづり王法《おうほう》の邪《よこしま》をおそる諛臣《ゆしん》と申《もう》すは是《これ》なり強敵《ごうてき》を伏《ふく》して始《はじめ》て力士《りきし》をしる、悪王《あくおう》の正法《しょうほう》を破《やぶ》るに邪《じゃ》法《ほう》の僧等《そうら》が方人《かたうど》をなして智者《ちしゃ》を失《うしな》はん時は師子王《ししおう》の如くなる心をもてる者《もの》必《かなら》ず仏になるべし例《れい》せば日蓮が如し、これおごれるにはあらず正法を惜《おし》む心の強盛《ごうじょう》なるべしおご《傲》れる者は必ず強敵に値《あい》ておそるる心出来《しゅったい》するなり例《れい》せば修羅《しゅら》のおごり帝《たい》釈《しゃく》にせめ《責》られて無熱池《むねっち》の蓮《はちす》の中《うち》に小身《しょうしん》と成《なり》て隠《かく》れしが如し

## 現代語訳

畜生《ちくしょう》の心は、弱い者を脅《おど》し、強い者を恐《おそ》れる。今の世の僧《そう》たちは、畜生のようなものである。智者《ちしゃ》の立場《たちば》が弱いことを侮《あなど》り、王の邪悪《じゃあく》な力《ちから》を恐れている。こびへつらう臣下《しんか》とは、このような者をいうのである。強敵《ごうてき》を倒《たお》して、初《はじ》めて力ある者であるとわかる。

悪王《あくおう》が正法を破《やぶ》ろうとし、邪法《じゃほう》の僧《そう》らがその味方《みかた》をして、智者《ちしゃ》を亡《な》き者にしようとする時は、師子王《ししおう》の心を持つ者が必ず仏になるのである。例《れい》を挙《あ》げれば、日蓮である。

これは、傲《おご》って言っているのではない。正法を惜《お》しむ心が強盛《ごうじょう》だからである。

傲《おご》っている者は、強敵《ごうてき》にあうと必ず恐《おそ》れる心が出てくるものである。例《れい》を挙《あ》げれば、傲り高ぶっていた阿修羅《あしゅら》が帝釈《たいしゃく》に責《せ》められて、無《む》熱池《ねっち》の蓮《はす》の中に身を縮《ちぢ》めて隠《かく》れたようなものである。

## 「師子王《ししおう》の如《ごと》くなる心」で反転《はんてん》を

本抄《ほんしょう》には「仏法は摂受《しょうじゅ》・折伏時《しゃくぶくとき》によるべし」（全九五七ページ・新一二八五ページ）と示され、謗法《ほうぼう》が充満《じゅうまん》する悪世末法《まっぽう》の「時に適《かな》った」修行《しゅぎょう》とは、摂受（注４）ではなく、折伏（注５）であり、その不惜《ふしゃく》の実践には、必ず大難《だいなん》があることを明かされています。

ここで、拝《はい》する段《だん》では、この大難《だいなん》――法華経の行者《ぎょうじゃ》への「迫害《はくがい》の構図《こうず》」として、佐渡流罪《さどるざい》の当時の状況と、権力者と邪法《じゃほう》の僧《そう》らの本質が浮《う》き彫《ぼ》りにされて明かされます。

「悪王《あくおう》」とは世俗《せぞく》の権力者です。この悪王が正法を破《やぶ》る。正しい政治も道理もなく、正義《せいぎ》の人を弾圧《だんあつ》しようとする。その時、嫉妬《しっと》や欲望《よくぼう》にまみれた「邪法《じゃほう》の僧等《そうら》」が、悪王の「方人《かたうど》」すなわち味方《みかた》をする。「畜生《ちくしょう》の心」ゆえに権力者にへつらう。悪王と結託《けったく》し、智者《ちしゃ》を亡《な》き者にしようと迫害《はくがい》を加《くわ》えるのです。

それはまさに、法華経勧持品《かんじほん》に説《と》かれる「三類《さんるい》の強敵《ごうてき》」が、大聖人一門《いちもん》を敵《てき》視《し》する念仏者《ねんぶつしゃ》らの悪僧《あくそう》、そして裏《うら》で平左衛門尉《へいのさえもんのじょう》（注6）をはじめ幕府要人《ばくふようじん》らを籠絡《ろうらく》して大聖人を迫害《はくがい》した極楽寺良観《ごくらくじりょうかん》（注7）のような高僧《こうそう》――と、具体的《ぐたいてき》な姿《すがた》を取って現《あらわ》れたといえます。

「三類《さんるい》の強敵《ごうてき》」が連合軍《れんごうぐん》を作って、「法華経の行者《ぎょうじゃ》」を迫害《はくがい》する。この大難《だいなん》の嵐《あらし》の中で、「師子王《ししおう》の如《ごと》くなる心」をもって、一人立つ勇者《ゆうしゃ》こそ仏です。

## 〝弟子たちよ、この私を見よ〟

「例《れい》せば日蓮が如《ごと》し」とは、〝弟子たちよ、この私を見よ〟と断言《だんげん》されているのです。師匠は命《いのち》に及《およ》ぶ大迫害《だいはくがい》の渦中《かちゅう》にあって、仏の大境涯《だいきょうがい》で、厳然《げんぜん》とそびえ立っている。そして、今度《こんど》は弟子たちに向かって、〝この「師子王《ししおう》の大道《だいどう》」に続け〟と、身をもって教えられているのです。

私たち創価の師弟は、真《ま》っ直《す》ぐにこの道を貫《つらぬ》いてきました。紛然《ふんぜん》と競《きそ》い起こる三障四魔《さんしょうしま》を見破《みやぶ》り、強盛《ごうじょう》の信心を奮《ふる》い起こしました。苦難《くなん》に直面すれば、今の試練《しれん》を必ず「変毒為薬《へんどくいやく》」するのだと一念《いちねん》を定《さだ》めて戦いました。「師子王《ししおう》の心」を取《と》り出《いだ》して、「さあ来《こ》い！」と恐《おそ》れなく逆境《ぎゃっきょう》に立ち向かいました。さらに敵《てき》をも味方《みかた》に変え、襲《おそ》い来《く》る逆風《ぎゃくふう》をも上昇《じょうしょう》の風《かぜ》に転《てん》じてきました。一つ一つの戦いが「如説修行《にょせつしゅぎょう》」であり、御書を「身で読む」実践なのです。

私には忘れられない光景《こうけい》があります。一九五四年（昭和二十九年）秋、池袋《いけぶくろ》の豊島公会堂《としまこうかいどう》で行《おこな》われた志木《しき》支部の総会《そうかい》でした。私も、青年部の室長《しっちょう》として出席《しゅっせき》していました。

席上《せきじょう》、戸田先生は〝広布の途上《とじょう》に立ちながら、これまで「三類《さんるい》の強敵《ごうてき》」がないことを悲しく思っていた〟と言われました。しかし、だんだんと第一、第二の強敵が出てくるようになった。そして、いよいよ第三の僭聖増上慢《せんしょうぞうじょうまん》が現《あらわ》れる時こそ、広宣流布の時である――と語り、烈々《れつれつ》と訴《うった》えられました。

「これ（＝僭聖増上慢《せんしょうぞうじょうまん》）がでると、私もうれしいと思うが、みなさんもうれしいと思ってもらいたい。そのときこそ、敢然《かんぜん》と戦おうではないか」

「難《なん》こそ誉《ほま》れ」とする闘魂《とうこん》こそ、御本仏《ごほんぶつ》に直結する学会精神です。今また、私たちは、一生成仏《いっしょうじょうぶつ》のため、立正安国《りっしょうあんこく》のため、勇気凜々《りんりん》、敢然《かんぜん》と戦い、断固として勝っていこうではありませんか！

# 佐渡御書《さどごしょ》

**御文**

（全九六〇ページ・新一二九一ページ）

日蓮を信ずるやうなりし者《もの》どもが日蓮がかく《斯》なれば疑《うたがい》ををこして法華経をすつるのみならずかへりて日蓮を教訓《きょうくん》して我《われ》賢《かしこ》しと思はん僻人等《びゃくにんら》が念仏者《ねんぶつしゃ》よりも久《ひさし》く阿鼻地獄《あびじごく》にあらん事《こと》不便《ふびん》とも申《もう》す計《ばか》りなし、修羅《しゅら》が仏は十八界《かい》我《われ》は十九界と云《い》ひ外道《げどう》が云《いわ》く仏は一究竟道《いちくきょうどう》我は九十五究竟道《くきょうどう》と云いしが如《ごと》く日蓮御房《ごぼう》は師匠《ししょう》にておはせども余《あまり》にこ《剛》はし我等《われら》はや《柔》はらかに法華経を弘《ひろ》むべしと云《いわ》んは螢火《ほたるび》が日月《にちがつ》をわらひ蟻塚《ありづか》が華山《かざん》を下《くだ》し井江《せいこう》が河海《かかい》をあなづり烏鵲《かささぎ》が鸞鳳《らんほう》をわらふなるべしわらふ

なるべし

## 現代語訳

日蓮を信じているようであった者たちが、日蓮がこのような身になると疑《うたが》いを起こして、法華経を捨《す》てるだけでなく、かえって日蓮を教え諭《さと》して、自分は賢《かしこ》いと思っている。こうしたひねくれ者たちが、念《ねん》仏者《ぶつしゃ》よりも長く阿鼻地獄《あびじごく》にいるであろうことは不憫《ふびん》としか言いようがない。

阿修羅《あしゅら》が「仏は十八界《かい》だが我々《われわれ》は十九界である」と言い、外道《げどう》が「仏は一究竟道《いちくきょうどう》だが私は九十五究竟道である」と言ったように、「日蓮御房《ごぼう》は師匠《ししょう》ではいらっしゃるがあまりにも強引《ごういん》だ。私たちは柔《やわ》らかに法華経を弘《ひろ》めよう」などと言っているのは、蛍火《ほたるび》が太陽や月を笑い、蟻塚《ありづか》が華山《かざん》を見下し、井戸《いど》や川が大河《たいが》や大海《たいかい》を侮《あなど》り、鵲《かささぎ》が鸞鳳《らんほう》を笑うようなものである。笑うようなものである。

## 創価の師弟は師子王《ししおう》の陣列《じんれつ》

「佐渡《さど》御書」の最後の段《だん》です。

苦難《くなん》は正義《せいぎ》と真実の試金石《しきんせき》です。難《なん》に直面《ちょくめん》した時に、真実の弟子なのか、うわべだけの弟子なのかが、峻別《しゅんべつ》されてしまう。

大聖人は、佐渡流罪《さどるざい》の大難《だいなん》に際《さい》して、師匠を疑《うたが》って退転《たいてん》した者、あるいは師匠は間違っていた等《とう》と訳知《わけし》り顔でいる者などを、「不憫《ふびん》としか言いようがない」とまで仰《おお》せです。

さも賢《かしこ》げな彼らの本質は何か。それは臆病《おくびょう》であり、保身《ほしん》であり、慢心《まんしん》です。どんなに繕《つくろ》っても師匠を裏切《うらぎ》った卑《いや》しさは消えません。修羅《しゅら》や外道《げどう》が仏に嫉妬《しっと》して対抗《たいこう》意識を燃やし、自分の方が優《すぐ》れていると強弁《きょうべん》しようとする下劣《げれつ》な根性と同じなのです。

初代《しょだい》会長・牧口常三郎《つねさぶろう》先生は、この段《だん》をよく拝《はい》されました。「日蓮御房《ごぼう》は師《し》匠《しょう》にておはせども余《あま》りにこはし《剛》我等《われら》はやはらか《柔》に法華経を弘《ひろ》むべし」などとして、師匠を非難《ひなん》する。そのような愚《おろ》かな姿《すがた》は、「笑《わら》うなるべし、笑うなるべし」と一蹴《いっしゅう》なされていた。戸田先生がよく教えてくださったものです。

先師《せんし》・牧口先生は、「愚人《ぐにん》に憎《にく》まれたるは第一の光栄《こうえい》なり」と言われ、弟子たちに「羊千匹《ひつじせんびき》より獅子《しし》一匹《いっぴき》」と常に教えられました。

恩師《おんし》・戸田先生は、「師子《しし》は伴侶《はんりょ》を求めず」と、「妙法流布の大願《だいがん》」に一人立ち、法華折伏《ほっけしゃくぶく》の大闘争を開始されました。

創価の師弟は師子王《ししおう》の陣列《じんれつ》です。我《われ》らは軽薄《けいはく》な誹謗《ひぼう》など痛烈《つうれつ》に笑い飛《と》ばしながら、そして、昇《のぼ》りゆく太陽の如《ごと》く明るく朗《ほが》らかに「師子王の心」で威風《いふう》も堂々《どうどう》と進むのです。

「佐渡《さど》御書」は「創価学会の御書」と言っても過言《かごん》ではありません。御書を身に当てれば、いかなる無理解の悪口罵詈《あっくめり》があろうが、何も恐《おそ》れることはない。御本仏《ごほんぶつ》が大賞讃《だいしょうさん》してくださる、一番正しい広宣流布の人生を進んでいるのです。

## “いざや前進”正義《せいぎ》の叫《さけ》びを

御書根本の師弟共戦《きょうせん》の世界は、大海《たいかい》のように広く深い。大空のように高く大きい。

日蓮大聖人の仏法は、二十一世紀の「精神革命」の扉《とびら》を開く、無限の智慧《ちえ》の宝蔵《ほうぞう》です。

私たちが偉大な生命哲学を抱《いだ》き前進していけば、社会の根底の精神土壌《どじょう》が変わります。だからこそ、最も根源的な変革へ、共戦《きょうせん》の炎《ほのお》を胸中《きょうちゅう》に燃やしていくのです。今や、末法《まっぽう》の闇《やみ》を晴《は》らす、「太陽の仏法」が世界中で輝《かがや》き、社会を照《て》らし始めています。

七月は、「立正安国《りっしょうあんこく》」へ戦う月です。

いざや前進！　師子《しし》の子は恐《おそ》るるものなし！　です。

この世悔《よく》いなく、この道を進まん！　です。

さあ、不二《ふに》の師子吼《ししく》で、正義《せいぎ》の歴史を綴《つづ》り、汝《なんじ》の勝利は確かなりと、共戦《きょうせん》の凱歌《がいか》を轟《とどろ》かせようではありませんか！

〔注　解〕

（注1）【トルストイ】一八二八年～一九一〇年。レフ・N。ロシアの作家《さっか》、思想家。『戦争と平和』『アンナ・カレーニナ』『復活』などの大作《たいさく》を著《あらわ》し、世界的名声《めいせい》を得る。トルストイの言葉は、いずれも『人生の道』（原久一郎訳、岩波書店）から。

（注2）【「日厳尼御前御返事《にちごんあまごぜんごへんじ》」】弘安《こうあん》三年（一二八〇年）十一月二十九日、身延《みのぶ》の地から日厳尼に与えられた御消息《ごしょうそく》。日厳尼は、大聖人御在世《ございせ》当時の女性門下《もんか》。日号《にちごう》で称《しょう》せられ、同年四月、御本尊を授与《じゅよ》されている。

（注3）【「佐渡《さど》御書」】本書九四ページ（注2）を参照。

（注4）【摂受《しょうじゅ》】相手の違いを認《みと》めつつ、次第に誘引《ゆういん》して正法に入らせる化導法《けどうほう》のこと。摂引容受《しょういんようじゅ》の義《ぎ》。

（注5）【折伏《しゃくぶく》】相手の邪義《じゃぎ》、邪法《じゃほう》を破折《はしゃく》して正法に伏《ふく》させる化導法《けどうほう》のこと。破折屈伏《はしゃくくっぷく》の義《ぎ》。

（注6）【平左衛門尉《へいのさえもんのじょう》】鎌倉《かまくら》時代の武将《ぶしょう》。執権《しっけん》・北条氏《ほうじょうし》の内管領《ないかんれい》として得宗家《とくそうけ》の家政を統括し、北条時宗《ときむね》、貞時《さだとき》の二代に仕《つか》えた。また、侍所《さむらいどころ》の所司《しょし》（次官《じかん》）として軍事《ぐんじ》、警察《けいさつ》の実権《じっけん》を握《にぎ》り、鎌倉幕府《ばくふ》の政治上《せいじじょう》の実力者《じつりょくしゃ》として権勢《けんせい》をふるった。良観《りょうかん》の讒言《ざんげん》などによって日蓮大聖

人を迫害《はくがい》し、門下《もんか》を弾圧《だんあつ》した。

（注7）【極楽寺良観《ごくらくじりょうかん》】一二一七年〜一三〇三年。真言律宗《しんごんりっしゅう》（西大寺流律宗《さいだいじりゅうりっしゅう》）の僧《そう》。良観房忍性《ぼうにんしょう》のこと。文永《ぶんえい》四年（一二六七年）、鎌倉《かまくら》の極楽寺に入ったので、極楽寺良観とも呼ばれる。権力に取り入って、種々《しゅじゅ》の利権《りけん》を手にする一方《いっぽう》、日蓮大聖人に敵対《てきたい》し、大聖人と門下《もんか》に対する数々《かずかず》の迫害《はくがい》の黒幕《くろまく》となった。

**池田大作**（いけだ・だいさく）

1928年（昭和3年）、東京生まれ。創価学会名誉会長。創価学会インタナショナル（SGI）会長。創価大学、アメリカ創価大学、創価学園、民主音楽協会、東京富士美術館、東洋哲学研究所、戸田記念国際平和研究所などを創立。世界各国の識者と対話を重ね、平和、文化、教育運動を推進。国連平和賞のほか、モスクワ大学、グラスゴー大学、デンバー大学、北京大学など、世界の大学・学術機関の名誉博士、名誉教授、さらに桂冠詩人・世界民衆詩人の称号、世界桂冠詩人賞、世界平和詩人賞など多数受賞。

著書は『人間革命』（全12巻）、『新・人間革命』（全30巻）など小説のほか、対談集も『二十一世紀への対話』（A・トインビー）、『二十世紀の精神の教訓』（M・ゴルバチョフ）、『平和の哲学　寛容の智慧』（A・ワヒド）、『地球対談　輝く女性の世紀へ』（H・ヘンダーソン）など多数。

# 信仰の基本「信行学」

発行日　二〇一七年五月三日
第3刷　二〇二二年二月二十五日
著　者　池田大作
発行者　松岡　資
発行所　聖教新聞社
〒一六〇―八〇七〇　東京都新宿区信濃町七
電話　〇三―三三五三―六一一一（代表）
印刷・製本　大日本印刷株式会社
定価は表紙に表示してあります

ISBN978-4-412-01626-2